まじめに、楽《たの》しく取《と》り組《く》める、ニャンともお得《とく》なドリルです。

「漢字《かんじ》」×「ネコあるある」×「五七五《ごしちご》のリズム」で、ネコと漢字がよくわかる！

「にゃんこ豆《まめ》ちしき」で、ネコがもっと好《す》きになる！

十五回《じゅうごかい》×四日《よっか》で学年《がくねん》の漢字をすべて学習《がくしゅう》できます。（三回《さんかい》くり返《かえ》し、一回確認《いっかいかくにん》の計《けい》四日）。

※「ネコのあるある五七五」で作《つく》っていますので、同《おな》じ漢字が複数出《ふくすうで》ることがあります。

あるある五七五

問題文《もんだいぶん》はすべて「ネコあるある」！「五七五のリズム」で楽しく漢字を学習できます。

三回同じ問題文をくり返して自然《しぜん》と漢字を覚《おぼ》え、きれいな字形《じけい》が身《み》につきます。

にゃんこ豆ちしき

あるある五七五の中《なか》から、ネコのことがもっとわかって好きになる豆ちしきをしょうかい。

漢字のかくにん

三回くり返して学習したからもうだいじょうぶ！最後《さいご》の確認テストです。

にゃんこ豆ちしきけんてい

ネコのことも覚えてくれたかニャ？これができたら、りっぱなネコはかせ！

本書《ほんしょ》の売《う》り上《あ》げの一部《いちぶ》は、保護猫活動《ほごねこかつどう》に寄付《きふ》されます。

『猫庭とは　～みんなで見守る～』

『猫庭《ねこにわ》』は、山口県《やまぐちけん》の「てしま旅館《りょかん》」にあります。
かい主《ぬし》のいないネコが、新《あら》たな家族《かぞく》を見つけるためのお家《うち》です。
館長《かんちょう》は、手島姫萌《てしまひめも》さんといいます。

『猫庭《ねこにわ》』ができたきっかけは、「捨《す》てネコ」でした。
小学生《しょうがくせい》だった姫萌《ひめも》さんと兄弟《きょうだい》は、捨《す》てられたネコを見《み》つけて、
「お家《うち》でかいたい」とおうちの人に相談《そうだん》します。
最初《さいしょ》は、だめと言《い》われます。だって、お父《とう》さんは大《だい》の「ネコぎらい」！
でも、捨《す》てられたネコをそのままにしておくことはできません。
「自分《じぶん》たちで世話《せわ》をする！」と約束《やくそく》をしてかうことができました。

ネコを育《そだ》てるうちに、姫萌《ひめも》さんたちは捨《す》てられたネコが、
だれにもかかわれなかったらどうなるかを知《し》ります。
「さつしょぶん」といって、ころされてしまうのです……。

それから、「自分《じぶん》たちに何《なに》かできることがないだろうか」と
話《はな》し合《あ》い「家がしている旅館《りょかん》の庭《にわ》に、ネコのお家《うち》を作《つく》ろう」
と考えて始まったのが『猫庭《ねこにわ》』です。

たくさんの人《ひと》も協力《きょうりょく》もあり、二〇一六年《にせんじゅうろくねん》「猫庭《ねこにわ》」は完成《かんせい》します。
姫萌《ひめも》さんは、なんと小学生《しょうがくせい》で猫庭《ねこにわ》の館長《かんちょう》さんになりました。
猫庭《ねこにわ》は、「山口県《やまぐちけん》のさつしょぶんをゼロに」を目標《もくひょう》に、
捨《す》てられたネコを保護《ほご》して、新《あたら》しい家族《かぞく》に会《あ》える手助《てだす》けをしています。
もちろん「ネコに会《あ》える旅館《りょかん》」として、ネコたちもお客《きゃく》さんに大人気《だいにんき》。
人《ひと》もネコも助《たす》け合《あ》って、過《す》ごしています。
（お父《とう》さん、今《いま》では大《だい》の「ネコ好《ず》き」なったそうですよ）

猫庭《ねこにわ》の活動《かつどう》は、コチラ↓

一年生　もくじ

（なんども出てくるかん字があります）

1日目

名まえ

あるある五七五 ①

1 つぎの五七五《ごしちご》を音読《おんどく》して、□の中《なか》の漢字《かんじ》をなぞりましょう。

① けづくろい　足《あし》をぺろぺろ　手《て》入《い》れする

② 金《きん》よう日《び》　早《はや》くかえって　ネコをだく

③ 夕《ゆう》やけに　赤《あか》き田《た》んぼと　ネコのヒゲ

④ 口《くち》入《い》れない　玉《たま》ねぎ、貝《かい》に　チョコきけん

⑤ 四《よ》つかどで　左《さ》右《ゆう》をかくにん　ぜんそく力《りょく》

1日目　にゃんこ豆ちしき①

『けづくろいのじゅんばん』

2 今日《きょう》のにゃんこ豆《まめ》ちしきを読《よ》んでみよう！

けづくろい　足《あし》をぺろぺろ　手入《てい》れする

ネコと一《いっ》しょに　くらしているとけづくろいをしているすがたを　よく見《み》るとおもいます。

では、そのけづくろいをする　ばしょにも　じゅんばんがあることに　気《き》づいているでしょうか？

ネコはきれいずきで、けづくろいもきれいなところからはじめます。

まずは、あたまや　かおのまわり。

つぎは、せ中《なか》や　おなか。そして、おしりや　足《あし》の先《さき》をきれいにします。

2日目

名まえ

あるある五七五 ①

1 つぎの五七五《ごしちご》を音読《おんどく》して、□の中《なか》の漢字《かんじ》を書《か》きましょう。

① けづくろい　□《あし》をぺろぺろ　□《て》□《い》れする

② □《きん》よう　□《び》□《はや》くかえって　ネコをだく

③ □《ゆう》やけに　□《あか》き□《た》んぼと　ネコのヒゲ

④ □《くち》□《い》れない　□《たま》ねぎ、□《かい》に　チョコきけん

⑤ □《よ》つかどで　□《さ》□《ゆう》をかくにん　ぜんそく□《りょく》

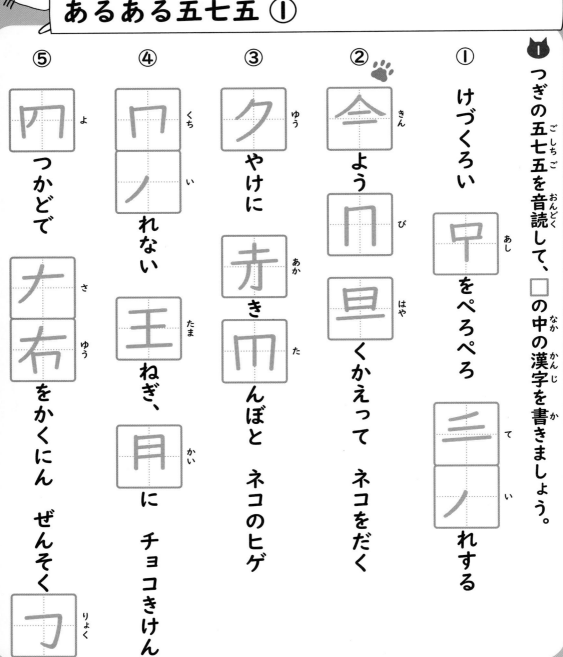

2日目 にゃんこ豆ちしき ②

『だっこは　ちょっとこわい』

2 今日《きょう》のにゃんこ豆《まめ》ちしきを読《よ》んでみよう！

金《きん》よう日《び》　早《はや》くかえって　ネコをだく

かいぬしが　いすにすわると、すぐに　ひざにのる　ネコがいます。

そんな　人《ひと》になれた　ネコでも、ギュッと　だっこされると、にげてしまうことが　おおいです。

これは、ネコはこわがりで、じゆうでいたい　生《い》きものだからです。

おどろいていたり、いやがったりしていたら　すぐストップしましょう。

その子《こ》の　気《き》もちを　大《だい》じにしてあげると、そのうち　じぶんから　よってきてくれますよ。

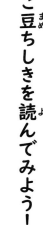

3日目

名まえ

あるある五七五 ①

1 つぎの五七五《ごしちご》を音読《おんどく》して、□の中《なか》の漢字《かんじ》を書《か》きましょう。

① けづくろい　□《あし》をぺろぺろ　□《て》□《い》れする

② □《きん》よう　□《び》□《はや》くかえって　ネコをだく

③ □《ゆう》やけに　□《あか》き□《た》んぼと　ネコのヒゲ

④ □《くち》□《い》れない　□《たま》ねぎ、□《かい》に　チョコきけん

⑤ □《よ》つかどで　□《さ》□《ゆう》をかくにん　ぜんそく□《りょく》

3日目 にゃんこ豆ちしき ③

『ヒゲは大《だい》じな　かんかくきかん』

2 今日《きょう》のにゃんこ豆《まめ》ちしきを読《よ》んでみよう！

夕《ゆう》やけに　赤《あか》き田《た》んぼと　ネコのヒゲ

よくうごく　ネコのヒゲ。じつはいろいろなやくわりを　もっています。

一《ひと》つ目《め》が、あるくときなどに　バランスをとる　はたらき。くらいばしょでも、しっかり　あるけます。

二《ふた》つ目《め》が、耳《みみ》には　きこえないくらいの　空気《くうき》のうごきを、かんじとるはたらき。えものを　見《み》つけられます。

三《みっ》つ目《め》が、気《き》もちをつたえる　はたらき。こわいときには、かおに　ピッタリちかくなり、ゴキゲンなら　グッと　まえにむいたりします。

4日目

①のかくにん

/17てん

名まえ

1 つぎの五七五《ごしちご》を音読《おんどく》して、□の中《なか》の漢字《かんじ》を書《か》きましょう。

① けづくろい □《あし》をぺろぺろ □《て》□《い》れする

② □《きん》よう□《び》 □《はや》くかえって ネコをだく

③ □《ゆう》やけに □《あか》き□《た》んぼと ネコのヒゲ

④ □《くち》□《い》れない □《たま》ねぎ、□《かい》に チョコきけん

⑤ □《よ》つかどで □《さ》□《ゆう》をかくにん ぜんそく□《りょく》

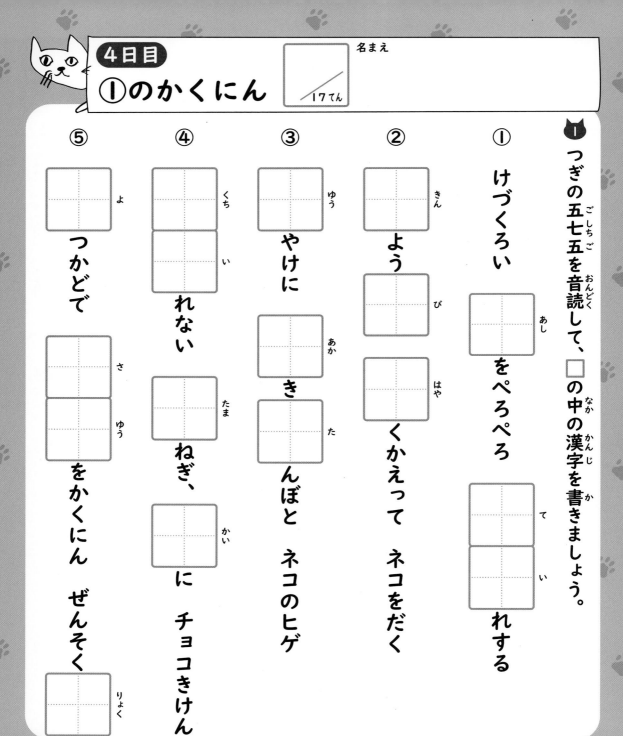

4日目 けんていもんだい

にゃんこ豆《まめ》ちしきけんてい ①

／3てん

2 にゃんこ豆《まめ》ちしきのけんてい問題《もんだい》にちょうせん！

① ネコがけづくろいをはじめるのは、どんなところから？

□□□□ところから

② ネコはギュッとだっこされると、どうすることがおおい？

□□□しまうことがおおい

③ ネコがこわがっているとき、ヒゲはどうなる？

□□にピッタリ□□□なる

1日目

名まえ

あるある五七五 ②

1 つぎの五七五《ごしちご》を音読《おんどく》して、□の中《なか》の漢字《かんじ》をなぞりましょう。

⑥ 青《あお》い目《め》が　キラリとひかる　月《つき》のよる

⑦ 足《あし》のツメ　出《だ》し入《い》れじゆう　気《き》をつけて

⑧ まよ中《なか》に　ネコのなきごえ　天《あま》の川《がわ》

⑨ 山《さん》村《そん》で　月《つき》にてらされ　じっとまつ

⑩ 生《い》きかたを　ネコから大《おお》いに　学《まな》んだよ

1日目　にゃんこ豆ちしき④

『よるとうごくものがとくいな目《め》』

2 今日《きょう》のにゃんこ豆《まめ》ちしきを読《よ》んでみよう！

青《あお》い目《め》がキラリとひかる月《つき》のよる

くらいところをあるいたり、すばやいネズミをつかまえたりするのがとくいなネコ。

人《ひと》より目《め》がよさそうとおもってしまいますが、本《ほん》とうはぼんやりとしか見《み》えないのだそうです。

そのかわり、うごいているものを見《み》つけるのはうまく、耳《みみ》もいいのでえものをつかまえるのはとくい。

また、ネコの目《め》は　くらいところでひかりをあつめられるようになっていて、キラリとひかります。

2日目

名まえ

あるある五七五 ②

1 つぎの五七五《ごしちご》を音読《おんどく》して、□の中《なか》の漢字《かんじ》を書《か》きましょう。

⑥ 青《あお》い目《め》が　キラリとひかる　月《つき》のよる

⑦ 足《あし》のツメ　出《だ》し入《い》れじゆう　気《き》をつけて

⑧ まよ中《なか》に　ネコのなきごえ　天《あま》の川《がわ》

⑨ 山《さん》村《そん》で　月《つき》にてらされ　じっとまつ

⑩ 生《い》きかたを　ネコから大《おお》いに　学《まな》んだよ

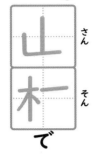

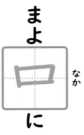

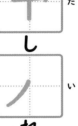

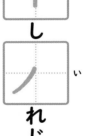

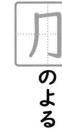

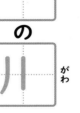

『まつのがとくい』

❷ 今日《きょう》のにゃんこ豆《まめ》ちしきを読《よ》んでみよう！

山村《さんそん》で　月《つき》にてらされ　じっとまつ

ネコは　ながいあいだ、かりをして
しぜんの中《なか》で　生《い》きてきました。
本気《ほんき》ではしると　とってもはやいの
ですが、はしりつづけるのは　にが手《て》
だったりします。
だから、まずは　見《み》つからないよう
に　じっとして、えものをまつ　まち
ぶせせんぽうを　していたのです。
「ネコって、あまりうごかないなぁ。」
と　かんじるのは、そんなむかしから
の　生《い》きかたの　せいだったんです。

3日目

名まえ

あるある五七五 ②

❶ つぎの五七五《ごしちご》を音読《おんどく》して、□の中《なか》の漢字《かんじ》を書《か》きましょう。

⑥ □《あお》い□《め》が　キラリとひかる　□《つき》のよる

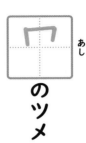

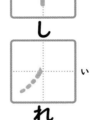

⑦ □《あし》のツメ　□《だ》し□《い》れじゆう　□《き》をつけて

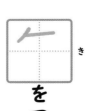

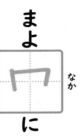

⑧ まよ□《なか》に　ネコのなきごえ　□《あま》の□《がわ》

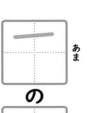

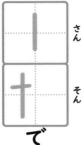

⑨ □《さん》□《そん》で　□《つき》にてらされ　じっとまつ

⑩ □《い》きかたを　ネコから□《おお》いに　□《まな》んだよ

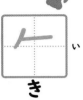

3日目 にゃんこ豆ちしき ⑥

『気《き》もちのきりかえが上手《じょうず》！』

2 今日《きょう》のにゃんこ豆《まめ》ちしきを読《よ》んでみよう！

生《い》きかたを　ねこから大《おお》いに　学《まな》んだよ

とっても　みがるなネコ。

それでも、たまには　ジャンプをしっぱいして　おちてしまったり、すべったりすることも　あります。

「いまの見《み》た？」とでもいうようにキョロキョロして、なにも　なかったかのように　じぶんの　けづくろいをはじめる……、なんてことも。

じつはあれ、ネコなりの　気《き》ぶんてんかんなのです。

パッと　きりかえて　つぎの　こうどうにうつるのが　上手《じょうず》なんです。

4日目

②のかくにん

／16てん

名まえ

1 つぎの五七五《ごしちご》を音読《おんどく》して、□の中《なか》の漢字《かんじ》を書《か》きましょう。

⑥ □《あお》い□《め》が　キラリとひかる　□《つき》のよる

⑦ □《あし》のツメ　□《だ》し□《い》れじゆう　□《き》をつけて

⑧ まよ□《なか》に　ネコのなきごえ　□《あま》の□《がわ》

⑨ □《さん》□《そん》で　□《つき》にてらされ　じっとまつ

⑩ □《い》きかたを　ネコから□《おお》いに　□《まな》んだよ

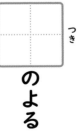

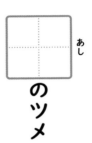

にゃんこ豆《まめ》ちしきけんてい②

／3てん

2 にゃんこ豆《まめ》ちしきのけんてい問題《もんだい》にちょうせん！

① ネコの目《め》はなにを見《み》つけるのがうまい？

□□□□□□もの

② ネコは見《み》つからないようにどんなせんぽうしていた？

□□□□せんぽう

③ ネコはしっぱいしたときどうするのが上手《じょうず》？

パッと□□□□□

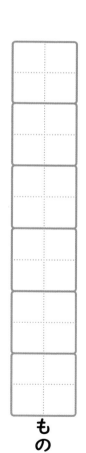

1日目　名まえ

あるある五七五 ③

1 つぎの五七五《ごしちご》を音読《おんどく》して、□の中《なか》の漢字《かんじ》をなぞりましょう。

⑪ 村《むら》の土《ど》手《て》　夕《ゆう》やけ空《ぞら》　ネコ二《に》ひき

⑫ おりられない　犬《いぬ》におわれて　木《き》の上《うえ》に

⑬ じどう車《しゃ》よ　にゃんことび出《だ》す　気《き》をつけて

⑭ 雨《あめ》の日《ひ》に　どこかで上《じょう》手《ず》に　雨《あま》やどり

⑮ 休《きゅう》日《じつ》に　にゃんこをつれて　学《がっ》校《こう》に

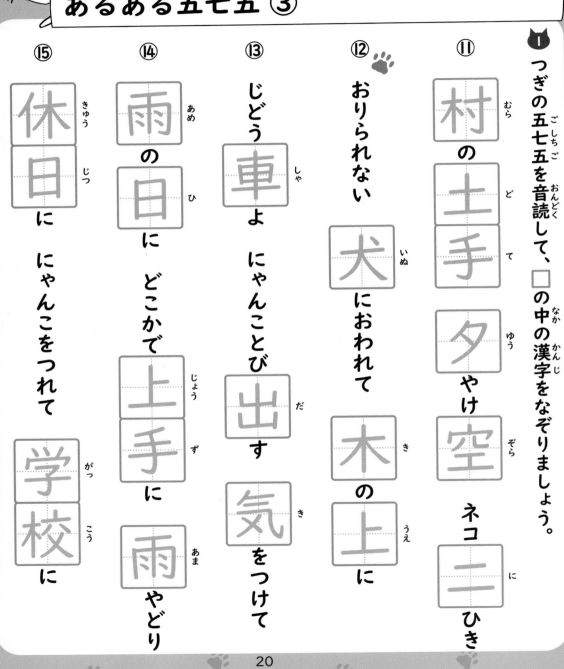

1日目　にゃんこ豆ちしき ⑦

『木《き》からおりるのは、にが手《て》……』

2 今日《きょう》のにゃんこ豆《まめ》ちしきを読《よ》んでみよう！

おりられない　犬《いぬ》におわれて　木《き》の上《うえ》に

ネコのツメを見《み》たことはありますか？　ネコのツメは　まるく　うちがわにカーブしたかたちをしています。
これが　木《き》にひっかけて　のぼるときに、とても　やくに立《た》ちます。
しかし、おりるときはというと、そのカーブが　ぎゃくむきにはならないので、上手《うま》く　ツメをかけることができません。
だから　おりるときは　とびおりることが　おおいです。でも、たかすぎると　おりられないこともあります。

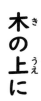

2日目

名まえ

あるある五七五 ③

1 つぎの五七五《ごしちご》を音読《おんどく》して、□の中《なか》の漢字《かんじ》を書《か》きましょう。

⑪ 村《むら》の土《ど》手《て》 夕《ゆう》やけ空《ぞら》 ネコ二《に》ひき

⑫ おりられない 犬《いぬ》におわれて 木《き》の上《うえ》に

⑬ じどう車《しゃ》よ にゃんことび出《だ》す 気《き》をつけて

⑭ 雨《あめ》の日《ひ》に どこかで上《じょう》手《ず》に 雨《あま》やどり

⑮ 休《きゅう》日《じつ》に にゃんこをつれて 学《がっ》校《こう》に

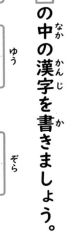

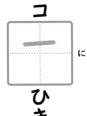

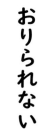

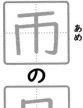

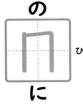

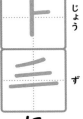

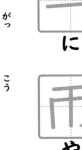

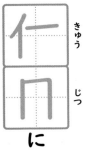

2日目 にゃんこ豆ちしき ⑧

『あともどりも、ライトもにが手《て》』

2 今日《きょう》のにゃんこ豆《まめ》ちしきを読《よ》んでみよう！

じどう車《しゃ》よ　にゃんことび出《だ》す　気《き》をつけて

ネコは　車《しゃ》どうに　とび出《だ》してしまうことが　よくあります。

ネコどうし　ケンカをして　よわいネコが　にげていったり、気《き》になるものを　見《み》つけて　おいかけたり。

また、まえに　はしるのは　はやいですが、うしろに　下《さ》がるのは　にが手《て》なネコ。

とくに　よるは　車《くるま》のライトに　おどろいて、みちのまん中《なか》で　とまってしまうこともあるのです。

3日目

名まえ

あるある五七五 ③

1 つぎの五七五《ごしちご》を音読《おんどく》して、□の中《なか》の漢字《かんじ》を書《か》きましょう。

⑪ □《むら》の□《ど》□《て》 □《ゆう》やけ□《ぞら》 ネコ□《に》ひき

⑫ おりられない □《いぬ》におわれて □《き》の□《うえ》に

⑬ じどう□《しゃ》よ にゃんことび□《だ》す □《き》をつけて

⑭ □《あめ》の□《ひ》に どこかで□《じょう》□《ず》に □《あま》やどり

⑮ □《きゅう》□《じつ》に にゃんこをつれて □《がっ》□《こう》に

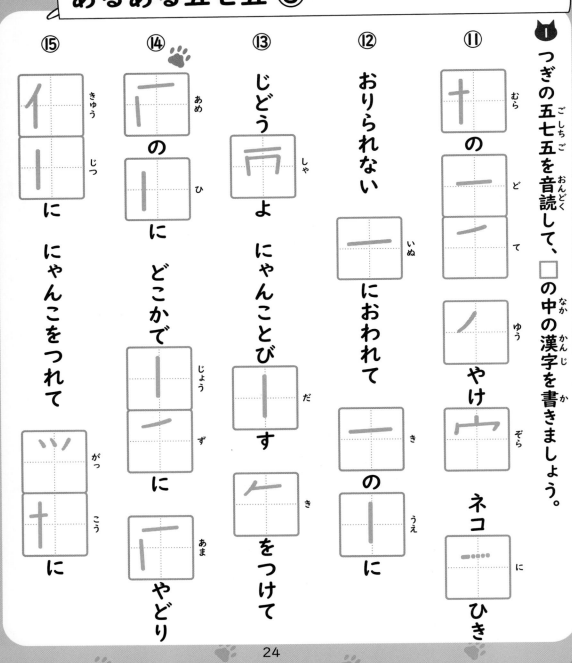

3日目 にゃんこ豆ちしき ⑨

『雨《あめ》の日《ひ》は、たい力《りょく》おんぞん』

2 今日《きょう》のにゃんこ豆《まめ》ちしきを読《よ》んでみよう!

雨《あめ》の日《ひ》に どこかで上手《じょうず》に 雨《あま》やどり

もともとは かりをして 生《い》きてきたネコ。

すっかり 人《ひと》との生《せい》かつに なれたいまでも、じ力《りき》で 生《い》きていたころのとくちょうが、のこっています。

たとえば 雨《あめ》の日《ひ》には、うごかず、じっとしていることが おおいです。

これは、雨《あめ》の日《ひ》には かりができないので、つぎの かりのときまで たい力《りょく》を のこしておくように するためだと いわれています。

休《やす》むことも 大《たい》せつなのです。

4日目

③のかくにん

□ 21てん

名まえ

1 つぎの五七五《ごしちご》を音読《おんどく》して、□の中《なか》の漢字《かんじ》を書《か》きましょう。

⑪ □《むら》の□《ど》□《て》 □《ゆう》やけ□《ぞら》 ネコ□《に》ひき

⑫ おりられない □《いぬ》におわれて □《き》の□《うえ》に

⑬ じどう□《しゃ》よ にゃんことび□《だ》す □《き》をつけて

⑭ □《あめ》の□《ひ》に どこかで□《じょう》□《ず》に □《あま》やどり

⑮ □《きゅう》□《じつ》に にゃんこをつれて □《がっ》□《こう》に

4日目 けんていもんだい

にゃんこ豆《まめ》ちしきけんてい ③

3てん

2 にゃんこ豆《まめ》ちしきのけんてい問題《もんだい》にちょうせん！

① まえにはしるのははやいネコがにが手《て》なことは？

□□□に下《さ》がること

② ネコのツメはどんなかたち？

うちがわに□□□したかたち

③ 雨《あめ》の日《ひ》にうごかないのはなんのため？

□□□をつかわないようにするため

1日目

名まえ

あるある五七五 ④

1 つぎの五七五《ごしちご》を音読《おんどく》して、□の中《なか》の漢字《かんじ》をなぞりましょう。

⑯ ノラネコも　一生《いっしょう》けんめい　生《い》きている

⑰ もう十《じっ》さい　人《ひと》より早《はや》く　年《とし》をとる

⑱ たなの上《うえ》　一気《いっき》にのぼる　ジャンプ力《りょく》

⑲ 川《かわ》の字《じ》に　なっておひるね　ネコ三《さん》びき

⑳ 足音《あしおと》で　ごしゅ人《じん》わかり　げんかんへ

1日目 にゃんこ豆ちしき ⑩

『ネコの年《ねん》れいと　人《ひと》の年《ねん》れい』

2 今日《きょう》のにゃんこ豆《まめ》ちしきを読《よ》んでみよう！

もう十《じっ》さい　人《ひと》より早《はや》く　年《とし》をとる

ネコは　一《いっ》さいで、人《にん》げんでいう十八《じゅうはっ》さいまで　大《おお》きくなり、二《に》さいで　二十四《にじゅうよん》さいくらいに　なります。

そのあとは、一年《いちねん》で四《よん》さいずつ　年《とし》をとり、小学一年生《しょうがくいちねんせい》とおなじ　七《なな》さいで　シニア（お年《とし》より）と　いわれてしまいます。

いえの中《なか》でくらす　ネコのじゅみょうは、だいたい十五年《じゅうごねん》くらいです。

じぶんの年《ねん》れいと　くらべてかんがえると、ずいぶん　早《はや》いとかんじませんか。

2日目

名まえ

あるある五七五 ④

1 つぎの五七五《ごしちご》を音読《おんどく》して、□の中《なか》の漢字《かんじ》を書《か》きましょう。

⑯ ノラネコも　□《いっ》□《しょう》けんめい　□《い》きている

⑰ もう□《じっ》さい　□《ひと》より□《はや》く　□《とし》をとる

⑱ たなの□《うえ》　□《いっ》□《き》にのぼる　ジャンプ□《りょく》

⑲ □《かわ》の□《じ》に　なっておひるね　ネコ□《さん》びき

⑳ □《あし》□《おと》で　ごしゅ□《じん》わかり　げんかんへ

2日目 にゃんこ豆ちしき ⑪

『ネコのなかも、あいしょうしだい』

2 今日《きょう》のにゃんこ豆《まめ》ちしきを読《よ》んでみよう！

川《かわ》の字《じ》に　なっておひるね　ネコ三《さん》びき

ネコはもともと、犬《いぬ》のように　なかまとすごすより、一《いっ》ぴきでいることがおおい　どうぶつです。

じぶんのいばしょを　大《だい》じにするので、人《ひと》や　ほかのネコと　きょりをとって、はなれていることも　ありますが、小《ちい》さなころから　ほかのネコと　一《いっ》しょにいると、なかよくなりやすいと　いわれています。

3日目

名まえ

あるある五七五 ④

1 つぎの五七五《ごしちご》を音読《おんどく》して、□の中《なか》の漢字《かんじ》を書《か》きましょう。

⑯ ノラネコも　□《いっ》□《しょう》けんめい　□《い》きている

⑰ もう□《じっ》さい　□《ひと》より□《はや》く　□《とし》をとる

⑱ たなの□《うえ》　□《いっ》□《き》にのぼる　ジャンプ□《りょく》

⑲ □《かわ》の□《じ》に　なっておひるね　ネコ□《さん》びき

⑳ □《あし》□《おと》で　ごしゅ□《じん》わかり　げんかんへ

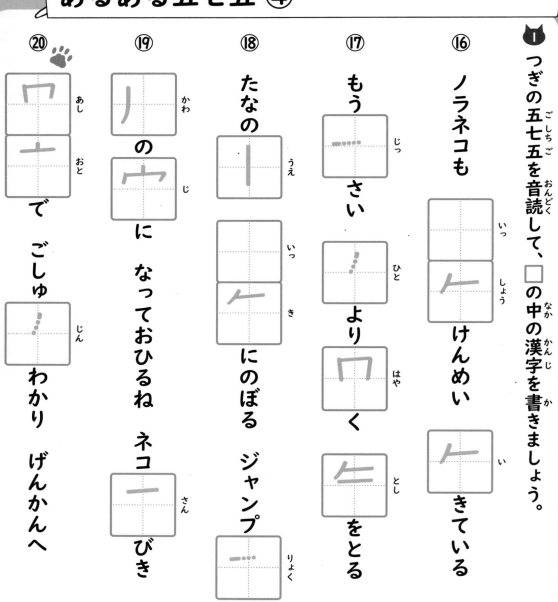

3日目　にゃんこ豆ちしき ⑫

『ネコ耳《みみ》サーチ！』

2 今日《きょう》のにゃんこ豆《まめ》ちしきを読《よ》んでみよう！

足音《あしおと》で　ごしゅ人《じん》わかり　げんかんへ

ネコは　生《う》まれながらの　ハンターで　とても　耳《みみ》がいい　どうぶつです。

「ネズミのこえを　きくために　耳《みみ》がよくなった」とも　いわれています。

よく　うごく耳《みみ》を　レーダーのように　つかうので、音《おと》がした　ばしょがわかるそうです。

また、それが　じぶんから　どれくらいはなれているかも　はっきり　わかるのだそうです。

それで、かいぬしの　足音《あしおと》もわかるのですね。

4日目

④のかくにん

／17てん

名まえ

1 つぎの五七五《ごしちご》を音読《おんどく》して、□の中《なか》の漢字《かんじ》を書《か》きましょう。

⑯ ノラネコも　□《いっ》□《しょう》けんめい　□《い》きている

⑰ もう□《じっ》さい　□《ひと》より□《はや》く　□《とし》をとる

⑱ たなの□《うえ》　□《いっ》□《き》にのぼる　ジャンプ□《りょく》

⑲ □《かわ》の□《じ》に　なっておひるね　ネコ□《さん》びき

⑳ □《あし》□《おと》で　ごしゅ□《じん》わかり　げんかんへ

4日目　けんていもんだい

にゃんこ豆《まめ》ちしきけんてい ④

／3てん

2 にゃんこ豆《まめ》ちしきのけんてい問題《もんだい》にちょうせん！

① ネコはなんさいでシニアといわれる？

小学一年生《しょうがくいちねんせい》とおなじ □《なな》 さい

② ネコはどうするとほかのネコとなかよくなりやすい？

□《ちい》□□ ころから □《いっ》□□ にいる

③ ネコはなにをレーダーのようにつかう？

よく □□□□《みみ》

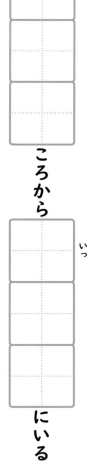

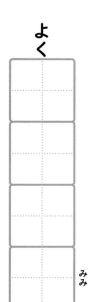

1日目

名まえ

あるある五七五 ⑤

1 つぎの五七五《ごしちご》を音読《おんどく》して、□の中《なか》の漢字《かんじ》をなぞりましょう。

㉑ 空《あ》いたはこ　見《み》つけて中《なか》に　入《はい》ったよ

㉒ ネコバンバン　車《くるま》の下《した》から　出《で》てきたよ

㉓ 花《はな》だより　森《もり》にも村《むら》にも　サクラ耳《みみ》

㉔ 水《みず》をやり　早《はや》くめを出《だ》せ　ネコ草《ぐさ》よ

㉕ しってるかい　二《に》十《じゅう》二《に》日は　ネコの日《ひ》だ

1日目 にゃんこ豆ちしき ⑬

『ダンボールの み力《りょく》』

2 今日《きょう》のにゃんこ豆《まめ》ちしきを読《よ》んでみよう！

空《あ》いたはこ 見《み》つけて中《なか》に 入《はい》ったよ

なにかを入《い》れようと はこをもってきたら、にもつより先《さき》に ネコが入《はい》ってしまった なんていうのは よくあるはなしですよね。

中《なか》でも、ネコには ダンボールが人《にん》気《き》。

あんなにうすいのに、なつはすずしく、ふゆはあたたかい ステキなはこ。ピッタリおさまって、ふたをしめれば ちょうどいい くらさ。ネコにとっては それが あんしんできる ばしょでも あるようです。

2日目

名まえ

あるある五七五 ⑤

1 つぎの五七五《ごしちご》を音読《おんどく》して、□の中《なか》の漢字《かんじ》を書《か》きましょう。

㉑ □《あ》いたはこ　□《み》つけて□《なか》に　□《はい》ったよ

㉒ ネコバンバン　□《くるま》の□《した》から　□《で》てきたよ

㉓ □《はな》だより　□《もり》にも□《むら》にも　サクラ□《みみ》

㉔ □《みず》をやり　□《はや》くめを□《だ》せ　ネコ□《ぐさ》よ

㉕ しってるかい　□《に》□《じゅう》□《に》日は　ネコの□《ひ》だ

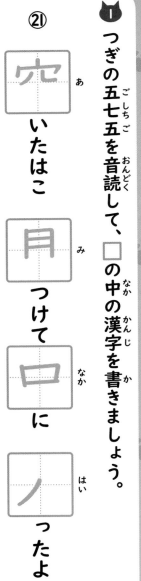

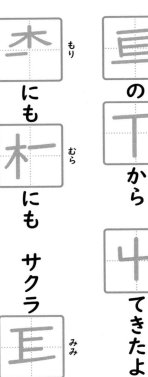

2日目 にゃんこ豆ちしき ⑭

『ふゆの車《くるま》にゃ、ネコバンバン』

2 今日《きょう》のにゃんこ豆《まめ》ちしきを読《よ》んでみよう！

ネコバンバン　車《くるま》の下《した》から　出《で》てきたよ

そとでくらす　ノラネコは、あんぜんに　かくれることのできる　ばしょを　さがしています。

さむいよるには、さむさをしのぐためとまっている　車《くるま》に　入《はい》りこんでしまうことも。

でも、車《くるま》の中《なか》の　きかいのすきまでねむってしまったら　大《たい》へんです。

車《くるま》にのるまえに　バンバンたたいて音《おと》で　おしえてあげましょう。

気《き》づかせてあげられると　たすけられることも　あります。

3日目

名まえ

あるある五七五 ⑤

1 つぎの五七五《ごしちご》を音読《おんどく》して、□の中《なか》の漢字《かんじ》を書《か》きましょう。

㉑ □《あ》いたはこ □《み》つけて □《なか》に □《はい》ったよ

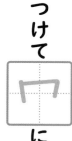

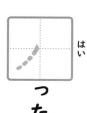

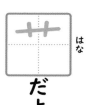

㉒ ネコバンバン □《くるま》の □《した》から □《で》てきたよ

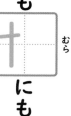

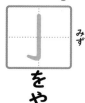

㉓ □《はな》だより □《もり》にも □《むら》にも サクラ □《みみ》

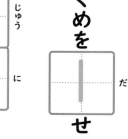

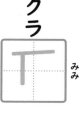

㉔ □《みず》をやり □《はや》くめを □《だ》せ ネコ □《ぐさ》よ

㉕ しってるかい □《に》□《じゅう》□《に》日は ネコの □《ひ》だ

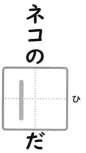

3日目 にゃんこ豆ちしき ⑮

『たべた　けを　草《くさ》で出《だ》している』

ネコがかじる　ネコ草《ぐさ》。
くびをかたむけて　たべている　すがたが　目《め》にうかびます。
でもこれは、草《くさ》から　えいようをとっている　わけではありません。
ネコは　けづくろいをするときに、けをのみこんで　しまっています。
このけを　ネコ草《ぐさ》をのんで　はき出《だ》すことで　出《だ》しているのです。
いまは　け玉《だま》ケアの　キャットフードもあるので　べんりですね。

❷ 今日《きょう》のにゃんこ豆《まめ》ちしきを読《よ》んでみよう！

水《みず》をやり　早《はや》くめを出《だ》せ　ネコ草《ぐさ》よ

4日目

⑤のかくにん

／19てん

名まえ

つぎの五七五《ごしちご》を音読《おんどく》して、□の中《なか》の漢字《かんじ》を書《か》きましょう。

㉑ □《あ》いたはこ　□《み》つけて□《なか》に　□《はい》ったよ

㉒ ネコバンバン　□《くるま》の□《した》から　□《で》てきたよ

㉓ □《はな》だより　□《もり》にも□《むら》にも　サクラ□《みみ》

㉔ □《みず》をやり　□《はや》くめを□《だ》せ　ネコ□《ぐさ》よ

㉕ しってるかい　□《に》□《じゅう》□《に》日は　ネコの□《ひ》だ

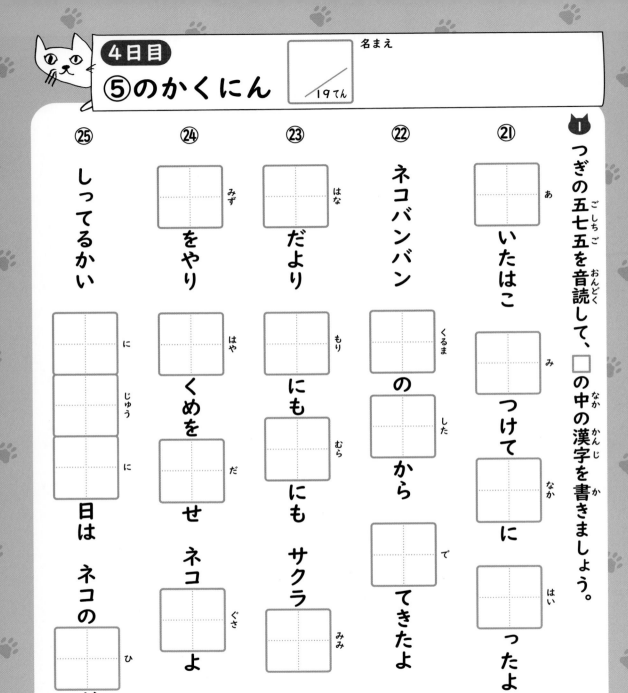

にゃんこ豆《まめ》ちしきけんてい ⑤

3てん

2 にゃんこ豆《まめ》ちしきのけんてい問題《もんだい》にちょうせん！

① ネコにとってタンボールの中《なか》はどんなばしょ？

□□□□ できるばしょ

② さむいよる、ネコが車《くるま》に入《はい》りこむのはどうして？

□□□□ をしのぐため

③ どうしてネコ草《ぐさ》をたべるの？

のみこんだ □ を草《くさ》で出《だ》すため

1日目

名まえ

あるある五七五 ⑥

1 つぎの五七五《ごしちご》を音読《おんどく》して、□の中《なか》の漢字《かんじ》をなぞりましょう。

㉖ 青《あお》森《もり》の　ゆう名《めい》なキャラ　にゃんこだよ

㉗ 耳《みみ》たおれ　気《き》もちのへんか　よう子《す》見《み》る

㉘ そうじきの　大《おお》きな音《おと》に　とび上《あ》がる

㉙ 休《やす》みの日《ひ》　ヒゲのむくまま　気《き》のむくまま

㉚ ろう下《か》でも　足《あし》音《おと》立《た》てず　虫《むし》をおう

1日目 にゃんこ豆ちしき ⑯

『そうじきがこわいりゆう』

2 今日《きょう》のにゃんこ豆《まめ》ちしきを読《よ》んでみよう！

そうじきの　大《おお》きな音《おと》に　とび上《あ》がる

じどうでうごく　まるいそうじきの上《うえ》にのって　あそぶネコもいれば、かいぬしが　そうじきをもっただけで、とび上《あ》がって　にげるネコもいます。

ネコが　そうじきを　きらうりゆうには、いろいろあります。

一《ひと》つには　大《おお》きな音《おと》がこわいから。耳《みみ》がいいネコにとって、そうじきの音《おと》は大《おお》きすぎるのだとか。

また、ながいホースが　じぶんをねらう　ヘビに見《み》えるからだという人《ひと》もいます。

2日目

名まえ

あるある五七五 ⑥

1 つぎの五七五《ごしちご》を音読《おんどく》して、□の中《なか》の漢字《かんじ》を書《か》きましょう。

㉖ □《あお》□《もり》の　ゆう□《めい》なキャラ　にゃんこだよ

㉗ □《みみ》たおれ　□《き》もちのへんか　よう□《す》□《み》る

㉘ そうじきの　□《おお》きな□《おと》に　とび□《あ》がる

㉙ □《やす》みの□《ひ》　ヒゲのむくまま　□《き》のむくまま

㉚ ろう□《か》でも　□《あし》□《おと》□《た》てず　□《むし》をおう

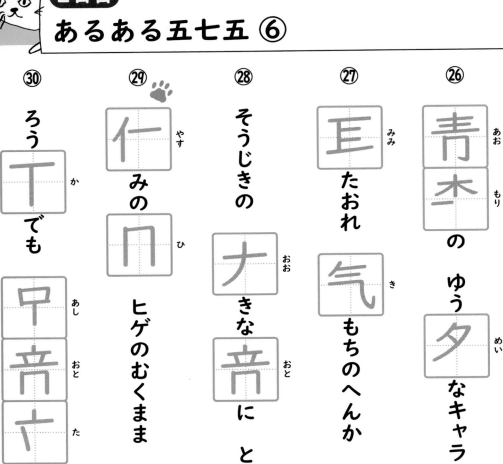

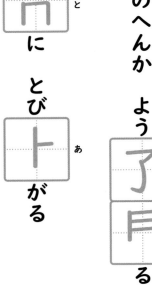

2日目 にゃんこ豆ちしき ⑰

『ネコのヒゲのヒミツ』

② 今日《きょう》のにゃんこ豆《まめ》ちしきを読《よ》んでみよう！

休《やす》みの日《ひ》　ヒゲのむくまま　気《き》のむくまま

ネコには　けがわとはべつに　かおから生《は》えている　ながいヒゲがあります。

さわってみると　ちょっとかたいこのヒゲ、生《い》きていくために　とても大《たい》せつな　はたらきがあります。

たとえば　うまくあるけるよう　バランスをとったり、すきまに　あたまが入《はい》るかどうかを　たしかめたりするセンサーのやくわりが　あるのです。

ですが、ただの　けとはちがい　いたみもかんじます。きったり、ひっぱったりは　ぜったいに　ダメです。

3日目

名まえ

あるある五七五 ⑥

1 つぎの五七五《ごしちご》を音読《おんどく》して、□の中《なか》の漢字《かんじ》を書《か》きましょう。

㉖ □《あお》□《もり》の　ゆう□《めい》なキャラ　にゃんこだよ

㉗ □《みみ》たおれ　□《き》もちのへんか　よう□《す》□《み》る

㉘ そうじきの　□《おお》きな□《おと》に　とび□《あ》がる

㉙ □《やす》みの□《ひ》　ヒゲのむくまま　□《き》のむくまま

㉚ ろう□《か》でも　□《あし》□《おと》□《た》てず　□《むし》をおう

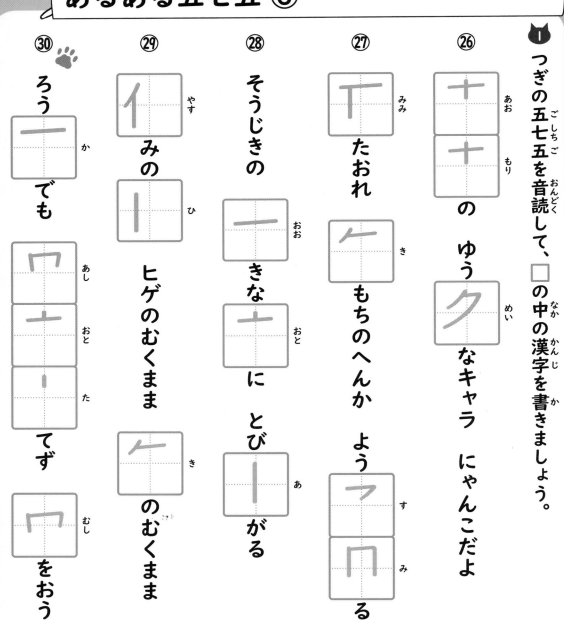

3日目 にゃんこ豆ちしき ⑱

『にんじゃのように足音《あしおと》がけせる』

② 今日《きょう》のにゃんこ豆《まめ》ちしきを読《よ》んでみよう！

ろう下《か》でも　足音《あしおと》立《た》てず　虫《むし》をおう

気《き》がつかないうちに、うしろにネコがいた、ということ　ありませんか。

ネコは　にんじゃのように　足音《あしおと》を立《た》てず　あるくことができます。

どうして　音《おと》がしないのでしょうか。それは、足《あし》のうらにある　「にくきゅう」のおかげで、クッションのように　音《おと》をけしてくれるからです。

また、ネコは　ツメの出《だ》し入《い》れができるので、犬《いぬ》のように　ツメの音《おと》もしません。

4日目

⑥のかくにん

／18てん

名まえ

1 つぎの五七五《ごしちご》を音読《おんどく》して、□の中《なか》の漢字《かんじ》を書《か》きましょう。

㉖ □《あお》□《もり》の　ゆう□《めい》なキャラ　にゃんこだよ

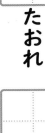

㉗ □《みみ》たおれ　□《き》もちのへんか　よう□《す》□《み》る

㉘ そうじきの　□《おお》きな□《おと》に　とび□《あ》がる

㉙ □《やす》みの□《ひ》　ヒゲのむくまま　□《き》のむくまま

㉚ ろう□《か》でも　□《あし》□《おと》□《た》てず　□《むし》をおう

4日目 けんていもんだい

にゃんこ豆《まめ》ちしきけんてい ⑥

3てん

2 にゃんこ豆《まめ》ちしきのけんてい問題《もんだい》にちょうせん！

① ネコがそうじきをきらうりゆうは？

□《おお》□□□《おと》がこわいから

② ネコのヒゲは、あるくときにどんなはたらきがある？

うまくあるけるよう□□□□をとる

③ ネコの足音《あしおと》がしないのはなんのおかげ？

足《あし》のうらにある□□□□□のおかげ

1日目

名まえ

あるある五七五 ⑦

1 つぎの五七五《ごしちご》を音読《おんどく》して、□の中《なか》の漢字《かんじ》をなぞりましょう。

㉛ 人《にん》げんと　いっしょにくらして　九《きゅう》千《せん》年《ねん》

㉜ にらみあい　火《ひ》花《ばな》をちらす　犬《いぬ》とネコ

㉝ お正《しょう》月《がつ》　ネコにも一《いち》まい　年《ねん》がじょう

㉞ 森《もり》の中《なか》　上《うえ》からのぞく　六《むっ》つの目《め》

㉟ 百《ひゃく》まんかい　生《い》きたネコの　本《ほん》をよむ

1日目 にゃんこ豆ちしき ⑲

『ネコも人《ひと》がすき！』

❷ 今日《きょう》のにゃんこ豆《まめ》ちしきを読《よ》んでみよう！

人《にん》げんと　いっしょにくらして　九千年《きゅうせんねん》

　ネコをかっている人《ひと》が　犬《いぬ》をかっている人《ひと》の　かずを　こえました。犬《いぬ》とはちがい、おなじへやの中《なか》で人《ひと》とくらすようになっても、気《き》ままにすごすところが　ネコらしいですよね。

　でもネコも　じぶんをかわいがってくれている人《ひと》のことは　大《だい》すきです。名《な》まえをよばれたら　きいていますし、「にゃーん」と　かいぬしをよぶことだってあります。

　このツンデレが　たまらないですね。

2日目

名まえ

あるある五七五 ⑦

1 つぎの五七五《ごしちご》を音読《おんどく》して、□の中《なか》の漢字《かんじ》を書《か》きましょう。

㉛ 人《にん》げんと　いっしょにくらして　九《きゅう》千《せん》年《ねん》

㉜ にらみあい　火《ひ》花《ばな》をちらす　犬《いぬ》とネコ

㉝ お正《しょう》月《がつ》　ネコにも一《いち》まい　年《ねん》がじょう

㉞ 森《もり》の中《なか》　上《うえ》からのぞく　六《むっ》つの目《め》

㉟ 百《ひゃく》まんかい　生《い》きたネコの　本《ほん》をよむ

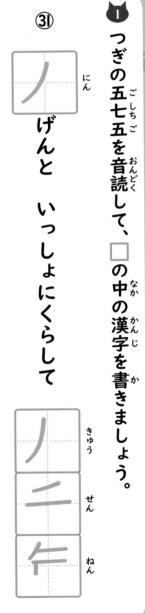

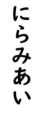

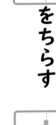

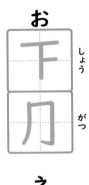

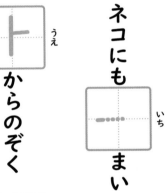

2日目 にゃんこ豆ちしき ⑳

『犬《いぬ》も　てきじゃにゃい！』

2 今日《きょう》のにゃんこ豆《まめ》ちしきを読《よ》んでみよう！

にらみあい　火《ひ》花《ばな》をちらす　犬《いぬ》とネコ

たくさんの　なかまと一《いっ》しょに　すごすのがすきな犬《いぬ》と、一《いっ》ぴきでも　へい気《き》だと　いわれるネコ。

そんな犬《いぬ》とネコは、なかがわるいとも　いわれていました。

犬《いぬ》とネコ　ちがうへやで　かっている人《ひと》も　おおいとおもいます。

しかし、小《ちい》さいころから　きょうだいのように一《いっ》しょにいれば、ちゃんとなかよしになります。

あいしょうも　もちろんありますが。

3日目

名まえ

あるある五七五 ⑦

1 つぎの五七五《ごしちご》を音読《おんどく》して、□の中《なか》の漢字《かんじ》を書《か》きましょう。

㉛ □《にん》げんと　いっしょにくらして　□《きゅう》□《せん》□《ねん》

㉜ にらみあい　□《ひ》□《ばな》をちらす　□《いぬ》とネコ

㉝ お□《しょう》□《がつ》　ネコにも□《いち》まい　□《ねん》がじょう

㉞ □《もり》の□《なか》　□《うえ》からのぞく　□《むっ》つの□《め》

㉟ □《ひゃく》まんかい　□《い》きたネコの　□《ほん》をよむ

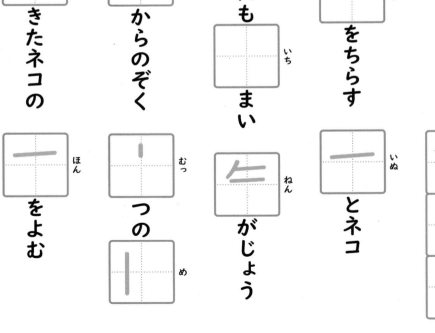

3日目 にゃんこ豆ちしき ㉑

『かみの音《おと》も　大《だい》すき！』

2 今日《きょう》のにゃんこ豆《まめ》ちしきを読《よ》んでみよう！

お正月《しょうがつ》　ネコにも一《いち》まい　年《ねん》がじょう

ネコは　ガサガサと　音《おと》がするかみで　あそぶのが大《だい》すきです。かみをまるめて　ころがすだけでも大《おお》よろこびします。年《ねん》がじょうや　大《たい》せつなプリントなどで　あそばないように、いらないかみで　つくってあげましょう。　あきるまで　おいかけますよ。

あきてきたら、中《なか》に　ドライフードを　一《ひと》つ　入《い》れてみてください。どうやったらとれるのか、一生《いっしょう》けんめい　ちょうせんしてくれますよ。

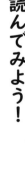

4日目

⑦のかくにん

／19てん

名まえ

1 つぎの五《ご》七《しち》五《ご》を音読《おんどく》して、□の中《なか》の漢字《かんじ》を書《か》きましょう。

㉛ □《にん》げんと　いっしょにくらして　□《きゅう》□《せん》□《ねん》

㉜ にらみあい　□《ひ》□《ばな》をちらす　□《いぬ》とネコ

㉝ お□《しょう》□《がつ》　ネコにも□《いち》まい　□《ねん》がじょう

㉞ □《もり》の□《なか》　□《うえ》からのぞく　□《むっ》つの□《め》

㉟ □《ひゃく》まんかい　□《い》きたネコの　□《ほん》をよむ

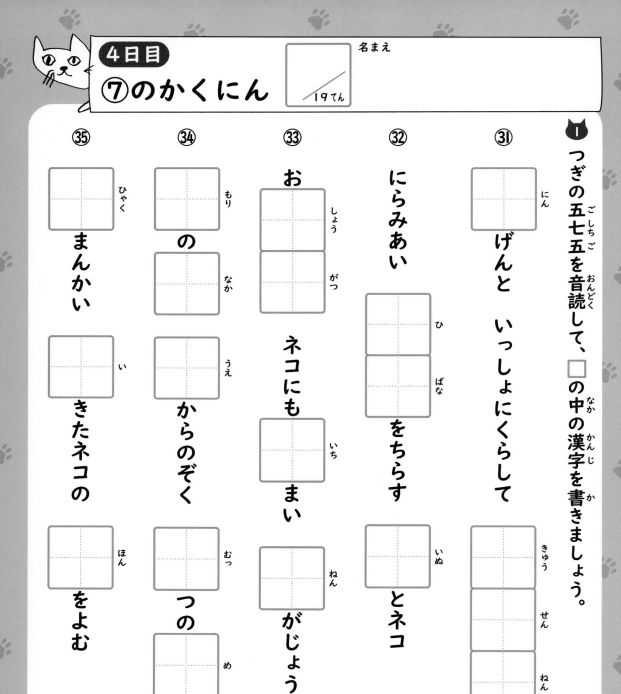

4日目 けんていもんだい

にゃんこ豆《まめ》ちしきけんてい ⑦

／3てん

2 にゃんこ豆《まめ》ちしきのけんてい問題《もんだい》にちょうせん！

① ネコをかっている人《ひと》と犬《いぬ》をかっている人《ひと》のかずはどうなった？

ネコをかっている人《ひと》が犬《いぬ》をかっている人《ひと》を □□□

② 犬《いぬ》とネコ、小《ちい》さいころから一《いっ》しょにいるとどうなる？

□□□□ になる

③ ネコはなにであそぶのが大《だい》すき？

ガサガサと □ 《おと》がする □□

1日目

名まえ

あるある五七五 ⑧

1 つぎの五七五《ごしちご》を音読《おんどく》して、□の中《なか》の漢字《かんじ》をなぞりましょう。

㊱ 金《きん》ぎょばち　ネコがかた手《て》を　水《すい》そうに

㊲ エジプトや　日《に》本《ほん》の王《おう》さま　ネコがすき

㊳ 雨《あめ》の日《ひ》に　出《で》あったネコと　男《おとこ》の子《こ》

㊴ ミュウという　名《な》まえをつけて　二《に》十《じゅう》年《ねん》

㊵ 大《おお》口《ぐち》を　あけてあくびだ　赤《あか》いした

1日目 にゃんこ豆ちしき ㉒

『ネコと金《きん》ぎょ』

2 今日《きょう》のにゃんこ豆《まめ》ちしきを読《よ》んでみよう！

金《きん》ぎょばち　ネコがかた手《て》を　水《すい》そうに

ネコと金《きん》ぎょ、かわいらしい　くみあわせです。

とくに　まるい金《きん》ぎょばちは、インテリアとしても　すてきです。

でも、金《きん》ぎょと　ネコがいると　じけんが　おきてしまいそうです。

ネコは　うごくものがすきなので、ヒラヒラおよぐ　金《きん》ぎょのしっぽ（おびれ）は、つい　じゃれつきたくなってしまうもの。

一《いっ》しょにかうなら　ふたのある水《すい》そうが　よさそうです。

2日目

名まえ

あるある五七五 ⑧

1 つぎの五七五《ごしちご》を音読《おんどく》して、□の中《なか》の漢字《かんじ》を書《か》きましょう。

㊱ 金《きん》ぎょばち　ネコがかた手《て》を　水《すい》そうに

㊲ エジプトや　日《に》本《ほん》の王《おう》さま　ネコがすき

㊳ 雨《あめ》の日《ひ》に　出《で》あったネコと　男《おとこ》の子《こ》

㊴ ミュウという　名《な》まえをつけて　二《に》十《じゅう》年《ねん》

㊵ 大《おお》口《ぐち》を　あけてあくびだ　赤《あか》いした

『ネコの　ごちょうじゅさん』

2 今日《きょう》のにゃんこ豆《まめ》ちしきを読《よ》んでみよう！

ミュウという　名《な》まえをつけて　二《に》十《じゅう》年《ねん》

いえの中《なか》で　かわれるようになって、ネコのじゅみょうは　だんだん　のびているそうです。

これまでは、だいたい十五年《じゅうごねん》くらいと　いわれてきました。

しかし、せかい一《いち》なが生《い》きしたネコは三十八年《さんじゅうはちねん》生《い》きた　アメリカのネコだそうです。

人《にん》げんにすると、なんと百七十《ひゃくななじっ》さいです！

ちなみに　日本一《にほんいち》なが生《い》きしたネコは二十七年《にじゅうななねん》生《い》きた　ドンくんです。

3日目

名まえ

あるある五七五 ⑧

1 つぎの五七五《ごしちご》を音読《おんどく》して、□の中《なか》の漢字《かんじ》を書《か》きましょう。

㊱ □《きん》ぎょばち　ネコがかた□《て》を　□《すい》そうに

㊲ エジプトや　□《に》□《ほん》の□《おう》さま　ネコがすき

㊳ □《あめ》の□《ひ》に　□《で》あったネコと　□《おとこ》の□《こ》

㊴ ミュウという　□《な》まえをつけて　□《に》□《じゅう》□《ねん》

㊵ □《おお》□《ぐち》を　あけてあくびだ　□《あか》いした

3日目 にゃんこ豆ちしき ㉔

『ネコの気《き》もちが　したでもわかる』

2 今日《きょう》のにゃんこ豆《まめ》ちしきを読《よ》んでみよう！

大口《おおぐち》を　あけてあくびだ　赤《あか》いした

ネコの口《くち》もとから　チョロッと出《で》た赤《あか》いした。

なんだか、かわいらしいですよね。

ネコは　こわがりな　生《い》きもので、しぜんの中《なか》では　リラックスなんてできませんでした。

ですが、人《ひと》とくらしているうちにリラックスしすぎて　したを　しまいわすれてしまうネコも。

のんびりした子《こ》や、小《ちい》さなときから人《ひと》といっしょにいる　ばあいなど、あんしんして　くれているのですね。

4日目

⑧のかくにん

／18てん

名まえ

1 つぎの五七五《ごしちご》を音読《おんどく》して、□の中《なか》の漢字《かんじ》を書《か》きましょう。

㊱ □《きん》ぎょばち　ネコがかた□《て》を　□《すい》そうに

㊲ エジプトや　□□《にほん》の□《おう》さま　ネコがすき

㊳ □《あめ》の□《ひ》に　□《で》あったネコと　□《おとこ》の□《こ》

㊴ ミュウという　□《な》まえをつけて　□□□《にじゅうねん》

㊵ □□《おおぐち》を　あけてあくびだ　□《あか》いした

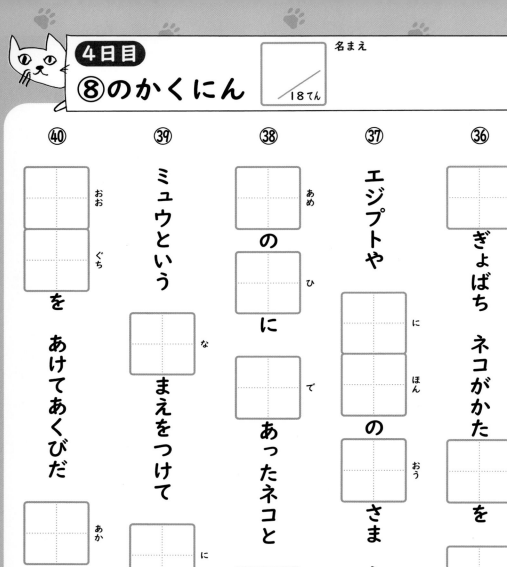

4日目 けんていもんだい

にゃんこ豆《まめ》ちしきけんてい ⑧

3てん

2 にゃんこ豆《まめ》ちしきのけんてい問題《もんだい》にちょうせん！

① ネコがじゃれつきたくなってしまうものは？

ヒラヒラうごく □□□ 《きん》のしっぽ（おびれ）

② せかい一《いち》ながが生《い》きしたネコはなん年生《ねんい》きた？

□ 《さん》 □ 《じゅう》 □ 《はち》 年《ねん》

③ 人《ひと》とくらしてリラックスしたネコがやってしまうことは？

リラックスしすぎて □□ をしまいわすれる

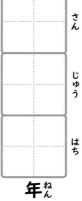

1日目

名まえ

あるある五七五 ⑨

1 つぎの五七五《ごしちご》を音読《おんどく》して、□の中《なか》の漢字《かんじ》をなぞりましょう。

㊶ なんの音《おと》 左《さ》右《ゆう》の耳《みみ》を ピンと立《た》て

㊷ ばけねこの 正《しょう》たい見《み》たよ 竹《たけ》やぶで

㊸ 円《まる》くなり アンモナイトの 貝《かい》のよう

㊹ 七《しち》人《にん》の 小《こ》人《びと》もびっくり 八《はち》きょうだい

㊺ わがはいは 文《ぶん》学《がく》に出《で》てくる 先《せん》生《せい》と

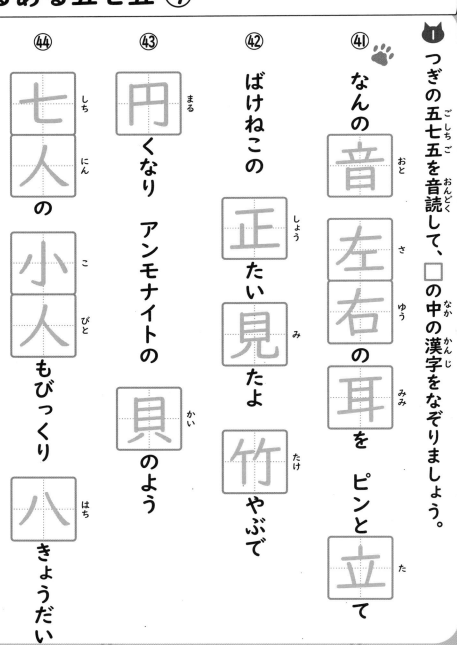

1日目 にゃんこ豆ちしき㉕

『耳《みみ》のむきで　わかる気《き》もち』

2 今日《きょう》のにゃんこ豆《まめ》ちしきを読《よ》んでみよう！

なんの音《おと》　左右《さゆう》の耳《みみ》を　ピンと立《た》て

大《おお》きくて、よくうごくネコの耳《みみ》。とってもかわいいですが、そのうごきかたで　気《き》もちが　わかります。

たとえば　うしろにそるくらい　立《た》てているときは　おこっています。ぎゃくに　ペタンとまえに　たおれているときは、こわいなあと　おもっていたりします。

リラックスしているときは、左右《さゆう》の耳《みみ》がよこをむいて　目《め》もとろんとしていたりします。そのほかにも　どんなうごきがあるか　しらべてみましょう。

2日目

名まえ

あるある五七五 ⑨

1 つぎの五七五《ごしちご》を音読《おんどく》して、□の中《なか》の漢字《かんじ》を書《か》きましょう。

㊶ なんの□《おと》□《さ》□《ゆう》の□《みみ》を ピンと□《た》て

㊷ ばけねこの □《しょう》たい□《み》たよ □《たけ》やぶで

㊸ □《まる》くなり アンモナイトの □《かい》のよう

㊹ □《しち》□《にん》の □《こ》□《びと》もびっくり □《はち》きょうだい

㊺ わがはいは □《ぶん》□《がく》に □《で》てくる □《せん》□《せい》と

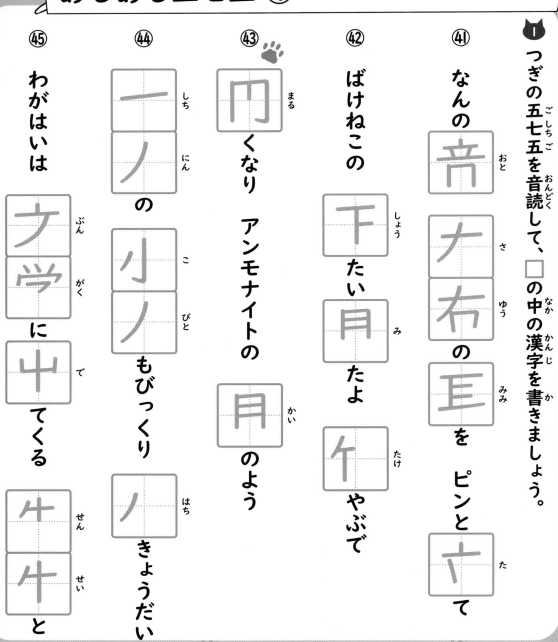

2日目 にゃんこ豆ちしき ㉖
『アンモニャイトな気《き》ぶん』

2 今日《きょう》のにゃんこ豆《まめ》ちしきを読《よ》んでみよう！

円《まる》くなり　アンモナイトの　貝《かい》のよう

くるりとまるまって　ねむるネコ。いかにも　ネコらしい　ポーズですね。

このねかたは　ふゆにおおく、さむい日《ひ》に　たいおんが　下《さ》がらないよう、小《ちい》さくなっている　ばあいがあります。

そんなふゆの日《ひ》には　へやの中《なか》をあたたかくして　あげましょう。

その「貝《かい》」がゆるんで　リラックスしたポーズを　見《み》せてくれるかもしれませんよ。

3日目

名まえ

あるある五七五 ⑨

1 つぎの五七五《ごしちご》を音読《おんどく》して、□の中《なか》の漢字《かんじ》を書《か》きましょう。

㊶ なんの□《おと》　□《さ》□《ゆう》の□《みみ》を　ピンと□《た》て

㊷ ばけねこの　□《しょう》たい□《み》たよ　□《たけ》やぶで

㊸ □《まる》くなり　アンモナイトの　□《かい》のよう

㊹ □《しち》□《にん》の　□《こ》□《びと》もびっくり　□《はち》きょうだい

㊺ わがはいは　□《ぶん》□《がく》に□《で》てくる　□《せん》□《せい》と

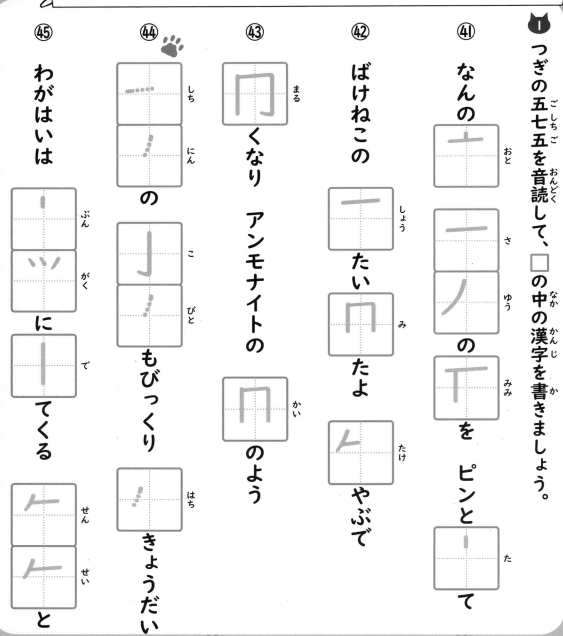

3日目　にゃんこ豆ちしき ㉗

『一《いっ》かいの出《しゅっ》さんで生《う》まれるかず』

❷ 今日《きょう》のにゃんこ豆《まめ》ちしきを読《よ》んでみよう！

七人《しちにん》の　小人《こびと》もびっくり　八《はち》きょうだい

「ネコのおなかに　赤《あか》ちゃんがいる！」とわかると、なんびき生《う》まれてくるのか　たのしみでもあり、ふあんでもありますよね。

ネコは一《いっ》かいの出《しゅっ》さんで　だいたい三《さん》びきから六《ろっ》ぴきの　赤《あか》ちゃんをうむことが　おおいようです。

せかい一《いち》のきろくでは、なんと一《いっ》かいで　十九《じゅうきゅう》ひきうんだ　ネコもいました。

また、生《い》きているあいだに四百二十《よんひゃくにじっ》ぴきの　赤《あか》ちゃんをうんだネコもいたそうです。

4日目

⑨のかくにん

20てん

名まえ

1 つぎの五七五《ごしちご》を音読《おんどく》して、□の中《なか》の漢字《かんじ》を書《か》きましょう。

㊶ なんの□《おと》 □《さ》□《ゆう》の□《みみ》を ピンと□《た》て

㊷ ばけねこの □《しょう》たい□《み》たよ □《たけ》やぶで

㊸ □《まる》くなり アンモナイトの □《かい》のよう

㊹ □《しち》□《にん》の □《こ》□《びと》もびっくり □《はち》きょうだい

㊺ わがはいは □《ぶん》□《がく》に□《で》てくる □《せん》□《せい》と

4日目 けんていもんだい

にゃんこ豆《まめ》ちしきけんてい ⑨

／3てん

2 にゃんこ豆《まめ》ちしきのけんてい問題《もんだい》にちょうせん！

① ネコがこわいなあとおもっているとき耳《みみ》はどうなる？

ペタンと□□に□□□ている

② まるまってねむるのはいつがおおい？

□□におおい

③ ネコは一《いっ》かいの出《しゅっ》さんでなんびき生《う》まれることがおおい？

だいたい□《さん》びきから□《ろっ》ぴき

1日目

名まえ

あるある五七五 ⑩

1 つぎの五七五《ごしちご》を音読《おんどく》して、□の中《なか》の漢字《かんじ》をなぞりましょう。

㊻ 石《いし》だんに　町《まち》中《なか》のネコ　大《だい》しゅうごう

㊼ ネコたちも　空《くう》気《き》をよんで　気《き》をつかう

㊽ 石《いし》だんに　一《いっ》ぴきずつの　夕《ゆう》ぐれどき

㊾ 六《ろっ》ぴきの　夕《ゆう》やけだんだん　三《さん》びきに

㊿ 山《さん》林《りん》で　ビー玉《だま》のような　目《め》がひかる

1日目　にゃんこ豆ちしき ㉘

『すきなばしょだから　あつまっちゃう』

2 今日《きょう》のにゃんこ豆《まめ》ちしきを読《よ》んでみよう!

石《いし》だんに　町中《まちなか》のネコ　大《だい》しゅうごう

ネコは　気《き》もちよく　すごせるばしょを　見《み》つけるのが　とくいです。あつい日《ひ》には　かぜがとおる　日《ひ》かげ、さむい日《ひ》には　ポカポカとあたたかい　日《ひ》なたで、ねているところを見《み》かけます。

だから、きがついたら　おなじばしょに　ネコが大《だい》しゅうごう、なんてこともあるでしょうね。

ネコをさがしてみると、あんがい人《ひと》にとっても　すてきなところを　見《み》つけられるかもしれませんよ。

2日目

名まえ

あるある五七五 ⑩

1 つぎの五七五《ごしちご》を音読《おんどく》して、□の中《なか》の漢字《かんじ》を書《か》きましょう。

㊻ □《いし》だんに　□《まち》□《なか》のネコ　□《だい》しゅうごう

㊼ ネコたちも　□《くう》□《き》をよんで　□《き》をつかう

㊽ □《いし》だんに　□《いっ》ぴきずつの　□《ゆう》ぐれどき

㊾ □《ろっ》ぴきの　□《ゆう》やけだんだん　□《さん》びきに

㊿ □《さん》□《りん》で　ビー□《だま》のような　□《め》がひかる

2日目 にゃんこ豆ちしき ㉙

『ネコのソーシャルディスタンス？』

❷ 今日《きょう》のにゃんこ豆《まめ》ちしきを読《よ》んでみよう！

石《いし》だんに　一《いっ》ぴきずつの　夕《ゆう》ぐれどき

そとでくらしている　ネコたちは目《め》をあわせず、ちょっとはなれて　すわっていることが　あります。

ちかくにいるのに、おたがいに　しらんぷり。

どうしてなのか　ふしぎにおもいますが、これは　ネコなりの気《き》づかい。目《め》があったら　ケンカになってしまうので、おたがい　気《き》づかないふりをしているのです。

3日目

名まえ

あるある五七五 ⑩

1 つぎの五七五《ごしちご》を音読《おんどく》して、□の中《なか》の漢字《かんじ》を書《か》きましょう。

㊻ □《いし》だんに □《まち》□《なか》のネコ □《だい》しゅうごう

㊼ ネコたちも □《くう》□《き》をよんで □《き》をつかう

㊽ □《いし》だんに □《いっ》ぴきずつの □《ゆう》ぐれどき

㊾ □《ろっ》ぴきの □《ゆう》やけだんだん □《さん》びきに

㊿ □《さん》□《りん》で ビー□《だま》のような □《め》がひかる

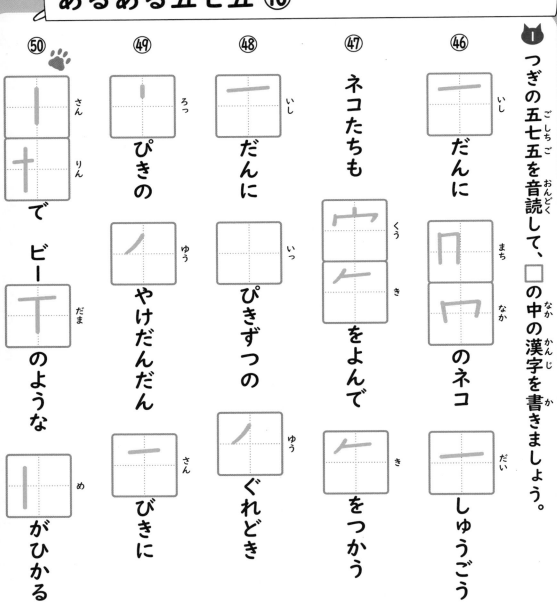

3日目 にゃんこ豆ちしき ㉚

『ネコの　ひとみのひみつ』

2 今日《きょう》のにゃんこ豆《まめ》ちしきを読《よ》んでみよう！

山林《さんりん》で　ビー玉《だま》のような　目《め》がひかる

ネコのひとみのかたちは　あかるさによって　かわります。

ひるまと　よるで、よく見《み》ると　ひとみが　ほそくなったり　ふとくなったりしています。

これは、まぶしさにあわせて　ひとみの大《おお》きさを　かえられるから。

あかるいときには　ほそく、くらいときには　ふとくなるのです。

このように　ひとみのかたちを　かえることで、ネコは　くらいところでも　人《ひと》よりよく見《み》えるんですね。

4日目

⑩のかくにん

／17てん

名まえ

1 つぎの五七五《ごしちご》を音読《おんどく》して、□の中《なか》の漢字《かんじ》を書《か》きましょう。

㊻ □《いし》だんに　□《まち》□《なか》のネコ　□《だい》しゅうごう

㊼ ネコたちも　□《くう》□《き》をよんで　□《き》をつかう

㊽ □《いし》だんに　□《いっ》ぴきずつの　□《ゆう》ぐれどき

㊾ □《ろっ》ぴきの　□《ゆう》やけだんだん　□《さん》びきに

㊿ □《さん》□《りん》で　ビー□《だま》のような　□《め》がひかる

にゃんこ豆《まめ》ちしきけんてい ⑩

3てん

2 にゃんこ豆《まめ》ちしきのけんてい問題《もんだい》にちょうせん！

① ネコはどんなばしょを見《み》つけるのがとくい？

□□□□□ すごせるばしょ

② そとでくらしているネコは、目《め》があったらどうなる？

□□□ になってしまう

③ ネコのひとみはあかるいときにどうなる？

□□□ なる

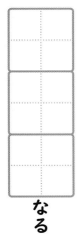

１日目

名まえ

あるある五七五 ⑪

１ つぎの五七五《ごしちご》を音読《おんどく》して、□の中《なか》の漢字《かんじ》をなぞりましょう。

51 へそ天《てん》で 口《くち》からした出《だ》し ねむってる

52 女《おんな》の子《こ》 ネコにころがす け糸《いと》玉《だま》

53 白《しろ》ネコの 五《ご》ひきの赤《あか》ちゃん たん生《じょう》だ

54 日《ひ》がくれて 円《まる》になったよ ほそい目《め》が

55 べんきょう中《ちゅう》 ごろりとねころぶ 本《ほん》の上《うえ》

1日目 にゃんこ豆ちしき ㉛

『けいかいしん0《ゼロ》！　へそ天《てん》』

2 今日《きょう》のにゃんこ豆《まめ》ちしきを読《よ》んでみよう！

へそ天《てん》で　口《くち》からした出《だ》し　ねむってる

いえの中《なか》で　かわれている　ネコが　ふえて、ネコのようすも　かなり　かわってきています。

ネコが　おなかを見《み》せて　ねむるすがたは、「へそ天《てん》」といわれ　「てきがいない」「あんしんできる」というときにします。

なぜなら、おなかは　ネコのじゃくてん。こころから　しんじているあい手《て》にしか　見《み》せないのです。

でも、びっくりするので　いきなりさわっては　ダメですよ。

2日目

名まえ

あるある五七五 ⑪

1 つぎの五七五《ごしちご》を音読《おんどく》して、□の中《なか》の漢字《かんじ》を書《か》きましょう。

51 へそ天《てん》で 口《くち》からした出《だ》し ねむってる

52 女《おんな》の子《こ》 ネコにころがす け糸《いと》玉《だま》

53 白《しろ》ネコの 五《ご》ひきの赤《あか》ちゃん たん生《じょう》だ

54 日《ひ》がくれて 丸《まる》になったよ ほそい目《め》が

55 べんきょう中《ちゅう》 ごろりとねころぶ 本《ほん》の上《うえ》

2日目　にゃんこ豆ちしき ㉜

『やわらかくてうごくけ糸《いと》がすき！』

❷ 今日《きょう》のにゃんこ豆《まめ》ちしきを読《よ》んでみよう！

女《おんな》の子《こ》　ネコにころがす　け糸玉《いとだま》

よくころがる　け糸玉《いとだま》。
ネコの目《め》のまえで　ころがせば　大《おお》よろこびです。コロコロところがるボールを　おいかけるのが　大《だい》すきです。
やわらかいけ糸《いと》は　とくに　すきなよう。
け糸《いと》にかぎらず、セーターやタオルなどを　しあわせそうに　くわえているすがたを　よく見《み》るとおもいます。
やわらかい　ぬのや糸《いと》は　おかあさんをおもい出《だ》して　あんしんするのだそうですよ。

3日目

名まえ

あるある五七五 ⑪

1 つぎの五七五《ごしちご》を音読《おんどく》して、□の中《なか》の漢字《かんじ》を書《か》きましょう。

51 へそ□《てん》で □《くち》からした□《だ》し ねむってる

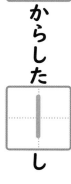

52 □《おんな》の□《こ》 ネコにころがす け□《いと》□《だま》

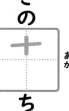

53 □《しろ》ネコの □《ご》ひきの□《あか》ちゃん たん□《じょう》だ

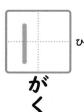

54 □《ひ》がくれて □《まる》になったよ ほそい□《め》が

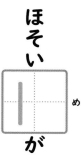

55 べんきょう□《ちゅう》 ごろりとねころぶ □《ほん》の□《うえ》

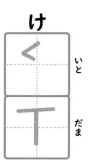

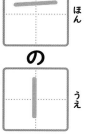

『おじゃまネコの気《き》もち』

2 今日《きょう》のにゃんこ豆《まめ》ちしきを読《よ》んでみよう！

べんきょう中《ちゅう》 ごろりとねころぶ 本《ほん》の上《うえ》

人《ひと》は しゅう中《ちゅう》していると うごかず じっとしていますよね。

いつもは よくうごく人《ひと》が じっとしていることは、ネコにとって ふしぎなことです。

いつもと ちがうようすに 「なにをしているのだろう？」と しんぱいしていたり、いつものように もどってほしくて「あそぼう！」と あまえているのです。

おじゃましているけど、ネコなりの気《き》づかいなのかもしれません。

4日目

⑪のかくにん

／17てん

名まえ

1 つぎの五七五《ごしちご》を音読《おんどく》して、□の中《なか》の漢字《かんじ》を書《か》きましょう。

⑤① へそ□《てん》で □《くち》からした□《だ》し ねむってる

⑤② □《おんな》の□《こ》 ネコにころがす け□《いと》□《だま》

⑤③ □《しろ》ネコの □《ご》ひきの□《あか》ちゃん たん□《じょう》だ

⑤④ □《ひ》がくれて □《まる》になったよ ほそい□《め》が

⑤⑤ べんきょう□《ちゅう》 ごろりとねころぶ □《ほん》の□《うえ》

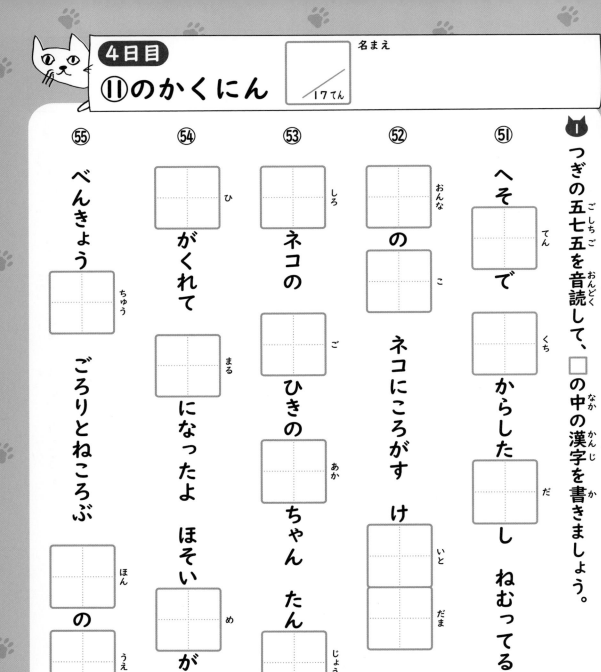

4日目 けんていもんだい

にゃんこ豆《まめ》ちしきけんてい ⑪

3てん

2 にゃんこ豆《まめ》ちしきのけんてい問題《もんだい》にちょうせん！

① ネコがおなかを見《み》せてねむるのはどんなとき？

□□がいない、□□□□できるとき

② やわらかいぬのは、なにをおもい出《だ》してあんしんする？

□□□□□をおもいだしてあんしんする

③ 人《ひと》がじっとしているのはネコにとってどんなこと？

□□□なこと

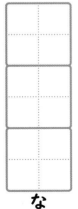

1日目

名まえ

あるある五七五 ⑫

1 つぎの五七五《ごしちご》を音読《おんどく》して、□の中《なか》の漢字《かんじ》をなぞりましょう。

56 五《ご》円《えん》玉《だま》 ころがしじゃれる 白《しろ》いネコ

57 名《な》をよぶと あつまってきた 五《ご》、六《ろっ》ぴき

58 八《よう》日《か》たち 赤《あか》ちゃんネコの 目《め》がひらく

59 山《さん》林《りん》で 赤《あか》ちゃんネコを 見《み》つけたよ

60 九《きゅう》人《にん》で 子《こ》ネコのもらい 手《て》さがしたよ

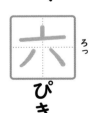

1日目 にゃんこ豆ちしき ㉞

『ネコも名《な》まえがだいじ！』

2 今日《きょう》のにゃんこ豆《まめ》ちしきを読《よ》んでみよう！

名《な》をよぶと　あつまってきた　五《ご》、六《ろっ》ぴき

「ネコは、よんでもこない」といいますが、おへんじをする子《こ》もいます。

ネコは　気《き》ぶんやですが、じぶんの名《な》まえも　ちゃんとわかっています。

また、ほごネコにとっても　名《な》まえというのは大《だい》じです。

「猫庭《ねこにわ》」では　その子《こ》のとくちょうなどを　名《な》まえにしています。

すると、しゃしんやどうがで　見《み》た人《ひと》が、その子《こ》を見《み》に　きてくれたりするのです。

2日目

名まえ

あるある五七五 ⑫

1 つぎの五七五《ごしちご》を音読《おんどく》して、□の中《なか》の漢字《かんじ》を書《か》きましょう。

56 □《ご》□《えん》□《だま》　ころがしじゃれる　□《しろ》いネコ

57 □《な》をよぶと　あつまってきた　□《ご》、□《ろっ》ぴき

58 □《よう》□《か》たち　□《あか》ちゃんネコの　□《め》がひらく

59 □《さん》□《りん》で　□《あか》ちゃんネコを　□《み》つけたよ

60 □《きゅう》□《にん》で　□《こ》ネコのもらい　□《て》さがしたよ

2日目　にゃんこ豆ちしき ㉟
『生《う》まれたときは、みんな青《あお》い目《め》』

2 今日《きょう》のにゃんこ豆《まめ》ちしきを読《よ》んでみよう！

八日《ようか》たち　赤《あか》ちゃんネコの　目《め》がひらく

キラキラひかる　ネコの目《め》は　とってもきれいですよね。

この目《め》のいろ、じつは生《う》まれたとき　と　おとなになってからで　いろがかわるんです。

おとなのネコの　目《め》のいろは　九《きゅう》しゅるいありますが、生《う》まれたばかりの子《こ》ねこの目《め》は　みんな青《あお》いろ。

だいたい一《いっ》か月《げつ》ごろから、からだのいろに　あわせて　しぜんとかわりはじめます。

なんだかふしぎですね。

3日目

名まえ

あるある五七五 ⑫

1 つぎの五七五《ごしちご》を音読《おんどく》して、□の中《なか》の漢字《かんじ》を書《か》きましょう。

㊻ □《ご》□《えん》□《だま》 ころがしじゃれる □《しろ》いネコ

㊼ □《な》をよぶと あつまってきた □《ご》、□《ろっ》ぴき

㊽ □《よう》□《か》たち □《あか》ちゃんネコの □《め》がひらく

㊾ □《さん》□《りん》で □《あか》ちゃんネコを □《み》つけたよ

㊿ □《きゅう》□《にん》で □《こ》ネコのもらい □《て》 さがしたよ

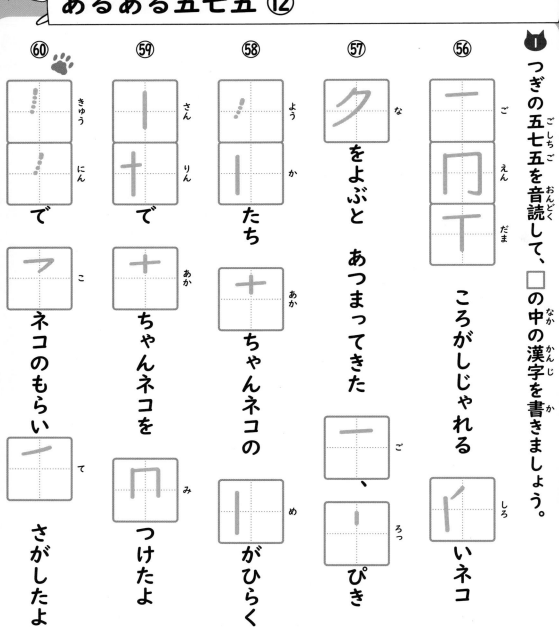

3日目 にゃんこ豆ちしき㊱

『子《こ》ネコは見《み》ているだけでしあわせ』

2 今日《きょう》のにゃんこ豆《まめ》ちしきを読《よ》んでみよう！

九人《きゅうにん》で 子《こ》ネコのもらい手《て》 さがしたよ

小《ちい》さな子《こ》ネコは、見《み》ているだけでしあわせな気《き》もちに なりますね。生《う》まれたばかりの 子《こ》ネコは、たべることにも トイレにいくことにも、おかあさんのたすけが いります。なので、子《こ》ネコをかうまえに、三《さん》か月《げつ》くらいは おかあさんとすごしてからが よいといわれています。はやく一《いっ》しょにくらしたくても、すこしだけ おや子《こ》ですごすじかんをつくってあげましょう。

4日目

⑫のかくにん

／19てん

名まえ

1 つぎの五《ご》七《しち》五《ご》を音読《おんどく》して、□の中《なか》の漢字《かんじ》を書《か》きましょう。

56 □《ご》□《えん》□《だま》　ころがしじゃれる　□《しろ》いネコ

57 □《な》をよぶと　あつまってきた　□《ご》、□《ろっ》ぴき

58 □《よう》□《か》たち　□《あか》ちゃんネコの　□《め》がひらく

59 □《さん》□《りん》で　□《あか》ちゃんネコを　□《み》つけたよ

60 □《きゅう》□《にん》で　□《こ》ネコのもらい　□《て》さがしたよ

にゃんこ豆《まめ》ちしきけんてい ⑫

3てん

2 にゃんこ豆《まめ》ちしきのけんてい問題《もんだい》にちょうせん！

① 「猫庭《ねこにわ》」ではネコのどんなことを名《な》まえにしている？

□□□□□ など

② 生《う》まれたばかりの子《こ》ネコの目《め》のいろは？

□ いろ

③ 子《こ》ネコのもらい手《て》になるときはなんか月《げつ》くらいしてからがいい？

□ か月《げつ》 くらい

□ 三《さん》《さん》

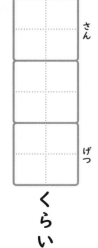

1日目

名まえ

あるある五七五 ⑬

1 つぎの五七五《ごしちご》を音読《おんどく》して、□の中《なか》の漢字《かんじ》をなぞりましょう。

61 気《き》になって　じゃ口《ぐち》の水《みず》に　手《て》をのばす

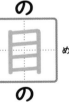

62 青《あお》い目《め》と　金《きん》いろの目《め》の　オッドアイ

63 大《おお》がた犬《けん》　けをさか立《だ》てて　むかえうつ

64 足《あし》の先《さき》　白《しろ》いくつ下《した》　おしゃれだな

65 足《あし》で立《た》ち　虫《むし》をねらって　手《て》をのばす

1日目 にゃんこ豆ちしき ㊲

『めずらしいオッドアイ』

❷ 今日《きょう》のにゃんこ豆《まめ》ちしきを読《よ》んでみよう!

青《あお》い目《め》と　金《きん》いろの目《め》の　オッドアイ

まっ白《しろ》なからだに　ピンクのおはなのネコ、きれいですね。

白《しろ》ネコは　青《あお》いろか金《きん》いろの目《め》をしていることが　おおいです。

とっても　めずらしいですが、中《なか》には　オッドアイといって、左右《さゆう》で　目《め》のいろが　ちがうネコもいます。

また、青《あお》い目《め》の白《しろ》ネコは　耳《みみ》がきこえないことも　あります。

びっくりさせないように　してあげましょう。

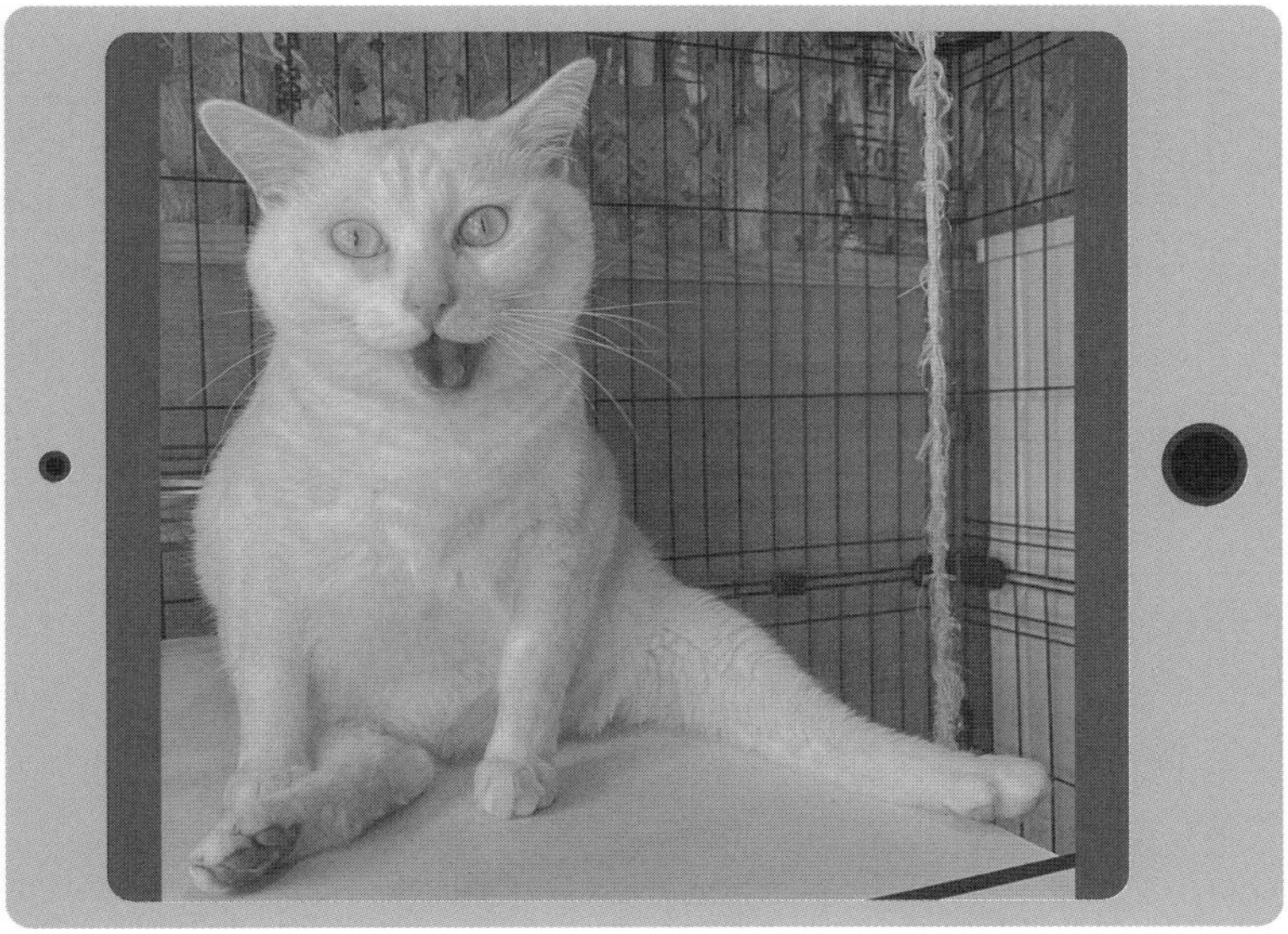

2日目

名まえ

あるある五七五 ⑬

1 つぎの五七五《ごしちご》を音読《おんどく》して、□の中《なか》の漢字《かんじ》を書《か》きましょう。

㉑ □《き》になって　じゃ□《ぐち》の□《みず》に□《て》をのばす

㉒ □《あお》い□《め》と□《きん》いろの□《め》の　オッドアイ

㉓ □《おお》がた□《けん》　けをさか□《だ》てて　むかえうつ

㉔ □《あし》の□《さき》□《しろ》いくつ□《した》　おしゃれだな

㉕ □《あし》で□《た》ち□《むし》をねらって□《て》をのばす

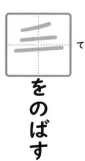

2日目 にゃんこ豆ちしき ㊳

『けのようすでも　気《き》もちがわかる』

2 今日《きょう》のにゃんこ豆《まめ》ちしきを読《よ》んでみよう！

大《おお》がた犬《けん》　けをさか立《だ》てて　むかえうつ

ネコのけが　さか立《だ》っているときはおこっているか、こうふんしているか、こわいとおもっているかです。

おこっているときは　さわらないでそっとしてあげるのが　一《いち》ばん。

じぶんの気《き》もちでなく、ネコの気《き》もちを　だいじにしてあげましょう。

こわいときなどは、なにか　はんのうしているものがあります。

なにに　はんのうしているのかをかんがえて、それが見《み》えないようにするのが　大《だい》じです。

3日目

名まえ

あるある五七五 ⑬

つぎの五七五《ごしちご》を音読《おんどく》して、□の中《なか》の漢字《かんじ》を書《か》きましょう。

61 気《き》になって じゃ□《ぐち》の□《みず》に □《て》をのばす

62 □《あお》い□《め》と □《きん》いろの□《め》の オッドアイ

63 □《おお》がた□《けん》 けをさか□《だ》てて むかえうつ

64 □《あし》の□《さき》 □《しろ》いくつ□《した》 おしゃれだな

65 □《あし》で□《た》ち □《むし》をねらって □《て》をのばす

3日目　にゃんこ豆ちしき ㊴

『くつ下《した》がらは　日本《にほん》ネコにおおい』

❷ 今日《きょう》のにゃんこ豆《まめ》ちしきを読《よ》んでみよう！

足《あし》の先《さき》　白《しろ》いくつ下《した》　おしゃれだな

からだのいろとは　ちがって、足先《あしさき》がまっ白《しろ》になっている　ねこがいます。ネコずきの中《なか》では　「くつ下《した》ネコ」とよばれていて　とてもかわいがられています。

とくに　足《あし》くびから下《した》が　白《しろ》くなっているネコを　よく見《み》ますよね。

そんな「くつ下《した》ネコ」ですが、からだのいろは　大《おお》きくわけて　四《よん》しゅるい　あります。

どんないろがあるか　さがしてみましょう。

4日目

⑬のかくにん

／19てん

名まえ

1 つぎの五七五《ごしちご》を音読《おんどく》して、□の中《なか》の漢字《かんじ》を書《か》きましょう。

㉑ □《き》になって　じゃ□《ぐち》の□《みず》に　□《て》をのばす

㉒ □《あお》い□《め》と　□《きん》いろの□《め》の　オッドアイ

㉓ □《おお》がた□《けん》　けをさか□《だ》てて　むかえうつ

㉔ □《あし》の□《さき》　□《しろ》いくつ□《した》　おしゃれだな

㉕ □《あし》で□《た》ち　□《むし》をねらって　□《て》をのばす

4日目 けんていもんだい

にゃんこ豆《まめ》ちしきけんてい ⑬

／3てん

2 にゃんこ豆《まめ》ちしきのけんてい問題《もんだい》にちょうせん！

① 左右《さゆう》で目《め》のいろがちがうことをなんという？

（　　　　　）

② ネコがおこっているときはさわらず、どうする？

（　　　　　）あげる

③ 足先《あしさき》がまっ白《しろ》なネコをなんという？

（　　　）下《した》ネコ

1日目

名まえ

あるある五七五 ⑭

1 つぎの五七五《ごしちご》を音読《おんどく》して、□の中《なか》の漢字《かんじ》をなぞりましょう。

⑥⑥ 本《ほん》とうは　気《き》にしているけど　大《おお》あくび

⑥⑦ じゃ口《ぐち》から　出《で》る水《みず》のむの　大《だい》すきだ

⑥⑧ 青《あお》い空《そら》　見《み》上《あ》げてのびて　はなクンクン

⑥⑨ 目《め》立《だ》ついろ　ぼくは町《まち》の　人《にん》気《き》もの

⑦⑩ 目《もく》ひょうの　虫《むし》をねらって　大《だい》ジャンプ

1日目 にゃんこ豆ちしき ㊵

『ネコは水《みず》が見《み》えない！？』

2 今日《きょう》のにゃんこ豆《まめ》ちしきを読《よ》んでみよう！

じゃ口《ぐち》から　出《で》る水《みず》のむの　大《だい》すきだ

ネコは、人《ひと》よりも　目《め》がわるいって
しっていましたか？
ネコは　じつは　うごいているもの
のほうが　見《み》えやすいのです。
だから、おさらに入《い》れた水《みず》を　のま
ないとおもったら、その水《みず》に気《き》づいて
いないときがあります。
そんなときは　すこしおさらをうご
かしてあげて、水《みず》にうごきを出《だ》すと
のんでくれたりします。
さいきんでは、じどうで水《みず》が出《で》てく
る　おさらもありますよ。

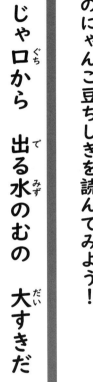

2日目

名まえ

あるある五七五 ⑭

1 つぎの五七五《ごしちご》を音読《おんどく》して、□の中《なか》の漢字《かんじ》を書《か》きましょう。

⑥⑥ □《ほん》とうは　□《き》にしているけど　□《おお》あくび

⑥⑦ じゃ□《ぐち》から　□《で》る□《みず》のむの　□《だい》すきだ

⑥⑧ □《あお》い□《そら》　□《み》□《あ》げてのびて　はなクンクン

⑥⑨ □《め》□《だ》ついろ　ぼくは□《まち》の　□《にん》□《き》もの

⑦⓪ □《もく》ひょうの　□《むし》をねらって　□《だい》ジャンプ

2日目 にゃんこ豆ちしき ㊶

『かぜをかぐ』

2 今日《きょう》のにゃんこ豆《まめ》ちしきを読《よ》んでみよう！

青《あお》い空《そら》　見上《みあ》げてのびて　はなクンクン

ネコが　なにもないところで　上《うえ》を むいて　クンクンと　においを　かいでいることがあります。

あれは、なにをしているのでしょう。

ネコは　はながよい　生《い》きもの。はなには、においをキャッチするセンサーがありますが、ネコは人《ひと》よりも六《ろく》ばいもはながよいのだそう。

ネコにとって、においは　それだけ大《たい》せつなのです。

ネコどうしのあいさつも、おたがいの　においをかぐことです。

3日目

名まえ

あるある五七五 ⑭

1 つぎの五七五《ごしちご》を音読《おんどく》して、□の中《なか》の漢字《かんじ》を書《か》きましょう。

⑯ □《ほん》とうは □《き》にしているけど □《おお》あくび

⑰ じゃ□《ぐち》から □《で》る□《みず》のむの □《だい》すきだ

⑱ □《あお》い□《そら》 □《み》□《あ》げてのびて はなクンクン

⑲ □《め》□《だ》ついろ ぼくは□《まち》の □《にん》□《き》もの

⑳ □《もく》ひょうの □《むし》をねらって □《だい》ジャンプ

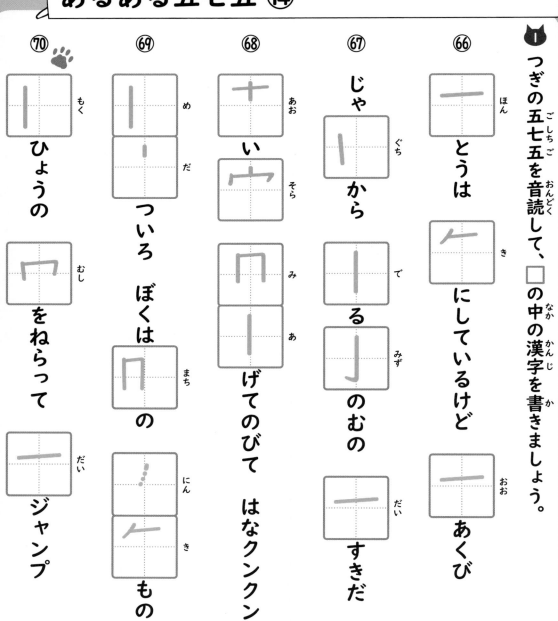

3日目　にゃんこ豆ちしき ㊷

『人《ひと》のたかさまで大《だい》ジャンプ！』

2 今日《きょう》のにゃんこ豆《まめ》ちしきを読《よ》んでみよう！

目《もく》ひょうの　虫《むし》をねらって　大《だい》ジャンプ

ネコが、びっくりするほど　たかいところに　すわっていることが　あります。

「どうやって　のぼったの？」とおもいますが、ネコは　人《ひと》のおとなをとびこえられるくらいの　たかさまでジャンプできるんです。

なんと、じぶんのからだの　五《ご》ばいのたかさまで、じょそうなしで　とび上《あ》がれるんだとか。

わたしたちには　かんがえられないですね。

4日目

⑭のかくにん

／19てん

名まえ

1 つぎの五七五《ごしちご》を音読《おんどく》して、□の中《なか》の漢字《かんじ》を書《か》きましょう。

⑯ □《ほん》とうは　□《き》にしているけど　□《おお》あくび

⑰ じゃ□《ぐち》から　□《で》る□《みず》のむの　□《だい》すきだ

⑱ □《あお》い□《そら》　□《み》□《あ》げてのびて　はなクンクン

⑲ □《め》□《だ》ついろ　ぼくは□《まち》の　□《にん》□《き》もの

⑳ □《もく》ひょうの　□《むし》をねらって　□《だい》ジャンプ

にゃんこ豆《まめ》ちしきけんてい ⑭

3てん

2 にゃんこ豆《まめ》ちしきのけんてい問題《もんだい》にちょうせん！

① ネコにとって見《み》えやすいのはどんなもの？

② ネコのはなにはなにがある？

においをキャッチする

③ ネコはなにをとびこえられるこらいジャンプする？

《ひと》のおとな

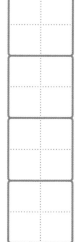

1日目

名まえ

あるある五七五 ⑮

1 つぎの五七五《ごしちご》を音読《おんどく》して、□の中《なか》の漢字《かんじ》をなぞりましょう。

⑦1 竹《たけ》かごに　入《はい》ってかくれて　目《め》をつぶる

⑦2 きんちょうし、かくれて三日《みっか》　しょくじ下《さ》げ

⑦3 町《ちょう》ないの　石《せき》ひの上《うえ》も　ぼくのばしょ

⑦4 じっと見《み》る　目《め》せんの先《さき》に　赤《あか》い糸《いと》

⑦5 音《おと》もなく　ネコドアあけて　出入《でい》りする

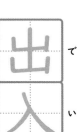

1日目 にゃんこ豆ちしき ㊸

『きんちょう中《ちゅう》のネコ』

2 今日《きょう》のにゃんこ豆《まめ》ちしきを読《よ》んでみよう！

きんちょうし、かくれて三日《みっか》 しょくじ下《さ》げ

いえにきて まもないネコは、まだいえにも 人《ひと》にもなれていなくて きんちょうしています。

しょくじも はじめはきんちょうして なかなかたべてくれません。

ただ、たべないからといって おいたままも よくありません。

しょくじの よう子《す》を見《み》て、どうしてもたべないときは おさらを下《さ》げて、あたらしいものをあげましょう。

それでもたべないときは、じゅういさんにも そうだんしましょう。

2日目

名まえ

あるある五七五 ⑮

1 つぎの五七五《ごしちご》を音読《おんどく》して、□の中《なか》の漢字《かんじ》を書《か》きましょう。

⑪ □《たけ》かごに　□《はい》ってかくれて　□《め》をつぶる

⑫ きんちょうし、かくれて□《みっ》□《か》　しょくじ□《さ》げ

⑬ □《ちょう》ないの　□《せき》ひの□《うえ》も　ぼくのばしょ

⑭ じっと□《み》る　□《め》せんの□《さき》に　□《あか》い□《いと》

⑮ □《おと》もなく　ネコドアあけて　□《で》□《い》りする

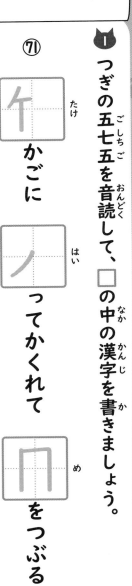

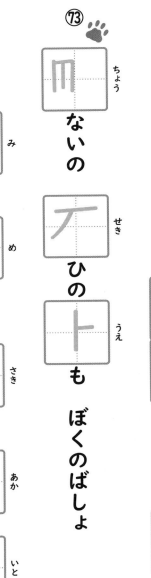

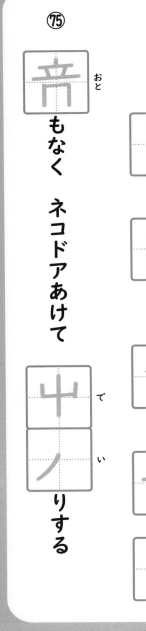

2日目　にゃんこ豆ちしき ㊹
『じぶんのすきなばしょ』

2 今日《きょう》のにゃんこ豆《まめ》ちしきを読《よ》んでみよう！

町《ちょう》ないの　石《せき》ひの上《うえ》も　ぼくのばしょ

ネコには、じぶんのすきなばしょがあります。

なつであれば　ヒンヤリしたばしょ、ふゆであれば　ポカポカした　ばしょなど　さまざまです。

じぶんがいたいばしょなどに　すわりこんで　とおせんぼしていることもあります。

ちょっとじゃまだなと　おもうかもしれませんが、「ちょっとどいてね。」というと　どいてくれることもありますよ。

3日目

名まえ

あるある五七五 ⑮

1 つぎの五七五《ごしちご》を音読《おんどく》して、□の中《なか》の漢字《かんじ》を書《か》きましょう。

⑦1 □《たけ》かごに □《はい》ってかくれて □《め》をつぶる

⑦2 きんちょうし、かくれて □《みっ》□《か》 しょくじ □《さ》げ

⑦3 □《ちょう》ないの □《せき》ひの □《うえ》も ぼくのばしょ

⑦4 じっと □《み》る □《め》せんの □《さき》に □《あか》い □《いと》

⑦5 □《おと》もなく ネコドアあけて □《で》□《い》りする

3日目　にゃんこ豆ちしき ㊺

『にんじゃネコにちゅうい！』

2 今日《きょう》のにゃんこ豆《まめ》ちしきを読《よ》んでみよう！

音《おと》もなく　ネコドアあけて　出入《でい》りする

ネコは、ツメをひっこめてあるくので　にんじゃのように　足音《あしおと》を立《た》てません。

ドアをあけて、すぐに　しめたつもりでも、人の足もとを　すりぬけたりするので　ちゅういです。

それに、かいぬしがドアをあけているすがたを見《み》て、あけられるようになる子《こ》もいます。

しずかにあけて　出《で》たりするので　にげないように　ちゅういしましょう。

4日目

⑮のかくにん

17てん

名まえ

1 つぎの五七五《ごしちご》を音読《おんどく》して、□の中《なか》の漢字《かんじ》を書《か》きましょう。

㉑ □《たけ》かごに　□《はい》ってかくれて　□《め》をつぶる

㉒ きんちょうし、かくれて□《みっ》□《か》　しょくじ□《さ》げ

㉓ □《ちょう》ないの　□《せき》ひの□《うえ》も　ぼくのばしょ

㉔ じっと□《み》る　□《め》せんの□《さき》に　□《あか》い□《いと》

㉕ □《おと》もなく　ネコドアあけて　□《で》□《い》りする

4日目 けんていもんだい

にゃんこ豆《まめ》ちしきけんてい ⑮

3てん

2 にゃんこ豆《まめ》ちしきのけんてい問題《もんだい》にちょうせん！

① ネコがどうしてもごはんをたべないとき、だれにそうだんする？

□□□□さん

② ネコがふゆによくいるばしょは？

□□□□したばしょ

③ ネコはどうやってあるく？

□□をひっこめてあるく

一年生　豆ちしきけんてい　答え

にゃんこ豆ちしきけんてい①
① きれいなところから
② にげてしまうことがおおい
③ かおにピッタリちかくなる

にゃんこ豆ちしきけんてい②
① うごいているもの
② まちぶせせんぽう
③ パッときりかえる

にゃんこ豆ちしきけんてい③
① うしろに下がること
② まるくうちわがにカーブしたかたち
③ たい力をつかわないようにするため

にゃんこ豆ちしきけんてい④
① 小学一年生とおなじ七さい
② 小さなころから一しょにいる
③ よくうごく耳

にゃんこ豆ちしきけんてい⑤
① あんしんできるばしょ
② さむさをしのぐため
③ のみこんだけを草で出すため

にゃんこ豆ちしきけんてい⑥
① 大きな音がこわいから
② うまくあるけるようバランスをとる
③ 足のうらにあるにくきゅう

にゃんこ豆ちしきけんてい⑦
① ネコをかっている人が犬をかっている人をこえた
② なかよしになる
③ ガサガサと音がするかみ

にゃんこ豆ちしきけんてい⑧
① ヒラヒラうごく金ぎょのしっぽ（おびれ）
② 三十八年
③ リラックスしすぎてしたをしまいわすれる

にゃんこ豆ちしきけんてい⑨
① ペタンとまえにたおれている
② ふゆにおおい
③ だいたい三びきから六ぴき

にゃんこ豆ちしきけんてい⑩
① 気もちよくすごせるばしょ
② ケンカになってしまう
③ ほそくなる

にゃんこ豆ちしきけんてい⑪

① てきがいない、あんしんできるとき

② おかあさんをおもいだしてあんしんする

③ ふしぎなこと

にゃんこ豆ちしきけんてい⑫

① とくちょうなど

② 青いろ

③ 三か月くらい

にゃんこ豆ちしきけんてい⑬

① オッドアイ

② そっとしてあげる

③ くつ下ネコ

にゃんこ豆ちしきけんてい⑭

① うごいているもの

② においをキャッチするセンサー

③ 人のおとな

にゃんこ豆ちしきけんてい⑮

① じゅういさん

② ポカポカしたばしょ

③ ツメをひっこめてあるく

一年生でならう　かん字　（八十字）

一右雨円王音下火花貝

学気九休玉金空月犬見

口校左三山子四糸字耳

七車手十出女小上森人

水正生青夕石赤千川先

早草足村大男竹中虫町

天田土二日入年白八百

文木本名目立力林六五

おぼえたら
赤えんぴつで
丸をしよう

にゃんこ豆ちしき

5 けづくろいはきれいなところから。
7 だっこされるとにげてしまうことがおおい。
9 こわいと、ヒゲはかおにピッタリする。
13 目はうごくものを見つけるのがうまい。
15 見つからないためのまちぶせせんぽう。
17 しっぱいしてもきりかえるのが上手。
21 ツメはまるく内がわにカーブしている。
23 うしろに下がるのはにが手。
25 雨の日はたい力をのこすためじっとしている。
29 七さいでシニア（お年より）になる。
31 小さなころから一しょにいると、ほかのネコとなかよくなる。
33 よくうごく耳をレーダーのようにつかう。
37 ダンボールはあんしんできるばしょ。
39 さむさをしのぐために車に入りこんでしまうことがある。
41 ネコ草をたべて、のみこんだけをはき出す。
45 大きな音がこわいからそうじきはきらい。
47 ヒゲでバランスをとってあるく。
49 にくきゅうのおかげで足音が出ない。
53 ネコをかう人は犬をかう人よりおおい。
55 小さなころから一しょにいれば、犬ともなかよくなる。
57 かみであそぶのが大すき。
61 ヒラヒラうごく金ぎょのおびれにじゃれつきたくなっちゃう。
63 せかい一ながいきのネコは三十八さい。
65 リラックスして、したをしまいわすれることがある。
69 こわいとき、耳はペタンとまえにたおれる。
71 まるまってねむるのは、ふゆにおおい。
73 一かいで三びきから六ぴき生まれる。
77 気もちよくすごせるばしょを見つけられる。
79 のらネコは目があうとケンカになる。
81 ひとみはあかるいときはほそくなる。
85 おなかを見せてねるのはあんしんできるとき。
87 やわらかいぬのはおかあさんをおもい出す。
89 いつもうごく人がじっとするのはネコにとってふしぎなこと。
93 「猫庭」ではネコのとくちょうを名まえにしている。
95 生まれたばかりの子ネコの目は青いろ。
97 子ネコのもらい手になるのは、生まれて三か月くらいしてから。
101 左右で目のいろがちがうオッドアイ。
103 おこっているときは、さわらずそっとしてあげるのが一ばん。
104 足先がまっ白なネコをくつ下ネコ。
109 うごいているもののほうが見えやすい。
111 はなはにおいをキャッチするセンサー。
113 人のおとなをとびこえるくらいのたかさまでジャンプできる。
117 どうしてもたべないときは、じゅういさんにそうだんしよう。
119 ふゆはポカポカしたばしょにいる。
121 つめをひっこめてあるく。

あるある！ニャン漢字ドリル　小1

2023年３月20日

○著者／川岸雅詩
○監修／猫庭
○発行者／面屋洋
○発行所／フォーラム・A
〒530-0056　大阪市北区兎我野町15-13
ミユキビル3F
TEL／06-6365-5606　FAX／06-6365-5607
振替／00970-3-127184

○印刷・製本／光邦
○デザイン／美濃企画株式会社
○製作担当編集／田邉光喜
○企画／清風堂書店
○HP：http://www.foruma.co.jp
※乱丁・落丁本はおとりかえいたします。